偉くなることをためらうな！

本当は面白い戦略的出世術

児島　保彦
［著］

同友館

はじめに

なぜ、あなたは偉くなりたくないのか

組織のなかで働く今どきの人たちは出世を望まないという。

「出世しても責任が増すだけ」「偉くなっても損」と思っているのだ。

しかし、**「本当にそう思っていますか？」**とあえて問いただしたい。

大方の若者は希望に燃えて入社する。ところが二〇代後半から組織のなかで能力の差がわかってくる。三〇代前半になると序列ができる。この時点ですでに半分近くの人が限界を感じつつあるが、それでも定年まで安泰で勤められるよう願って、自分の仕事を淡々とこなしながら時を過ごしていく。

三〇代後半から四〇代前半で将来性がはっきり見えてくると、早々に窓際に甘んじる人や自分の能力に見合った転職先を考える人が八割方と言っていいだろう。

だが本書を手に取った方は、現在世の中に蔓延している即物的な考え方に対して**「果たしてそれで自分の人生は幸せだろうか」**と懐疑心を胸に秘めている方だと思う。

俗に、偉くなれば何が得られるかと言えば、たくさんの部下や大きな机・椅子をはじめ、報酬、潤沢な旅費、一人部屋、秘書、運転手付き社有車など、形に表れるものを数えただけでかなりある。人から見て羨望の眼で見られるのは悪い気持ちがしない。秘書がついたり、運転手付き社有車に乗れたりしたとき、「ああ！　オレもここまできたか」と密かに思うものである。

だがここで申し上げたいことは、そのような対外的ステイタスではなく、仕事の実質である。組織の歯車の一つではなくそれを動かす側に回り、大きな仕事ができることが醍醐味である。**自分の能力をフルに活用して、強力な権限と責任をもって職務を遂行していくことには何ものにも代えがたい喜びがある。**

言い換えれば、自分の思いを実現し、その結果多くの人を幸せにできるのだ。

ここまでは本人についてだけ触れたが、偉くなると必然的に家族にも豊かなプレゼントがある。もちろん世帯主の地位が上がれば上がるほど報酬も増え、比例して家計も潤い、住居をはじめ子供の教育にも費用がかけられるようになって結果的に家庭環境も良くなり、日常生活そのものがランクアップしていく。

もちろん自分の能力不足に悩んだり、結果責任を負わなければならなかったりするが、偉くなると物質的にも精神的にも報われ、子供に対してもより上昇志向が生まれる。

「あなたは、なぜ出世したいと思わないのですか？」

こう問えば、即座に答えが返ってくるだろう。

なぜなら**最後のエリートコースに乗れる人は多くない。**

出世を望む人のなかには陰湿に他人の足を引っ張ったり不幸を喜んだり、有頂天になったり落胆したりして日常を送っていくタイプもいる。そうまでして出世できなかったときの葛藤や嫉妬心は並大抵ではない。確かに、いったん落伍すると挽回のチャンスもなく、その後の人生はかなり暗いものになってしまうだろう。

だから、たとえ心のなかでは「出世したい」と思っていても、出世競争に後ろ暗い思いを禁じえないようだ。

個々の価値観であるからそれが悪いというつもりはないが、最初に自分が希望を持って選んだ会社なのだから、できることならそこで華々しく活躍したいというのが本音ではないか。

つまり、なるべくならその気持ちを表には出さないで組織に認められたいと思っているのだ。

だが「出世」とは字のごとく「世に出る」ことである。

はっきりしていることは、周囲の人々にアピールしなければ認めてはもらえない。私は、もう少し意識を変えて正攻法で堂々と中央突破を図ることをすすめたい。

大望を抱く者は可能性を捨ててはならない

本書は、私自身の四三年間の組織との付き合いを通じて、自分の目で確かめたことばかりである。それだけに生々しすぎて拒否反応を示す方もおいでになると思う。それでも、組織の大小や時代に関係なく、組織の実体は変わらないと思っている。

私も、組織に生きる皆さんと同じく、組織のために身を粉にして働き、組織に守られながら、時には組織と対立し、組織と共存してきた。一方から見れば勝者であり、野望、熱意、意欲、誠意、忠誠、喜び、気配りなどがあり、一方は敗者であり、嫉妬、怨念、絶望、怒り、悲しみ、落胆、裏切りなど、陰に陽に人間性が介入している。ちょうど組織のそれぞれのグループを経糸《たて》とすれば、組織構成員である個々は緯糸《よこ》の役目を果たし、双方織りなして組織全体が成り立っているものだと思う。

本当の出世競争は、「能力」＋「人間力」＋「運」の勝負である。

まず、なんのために「偉くなる」のか、目的を明確に頭に描き、完全に自分のものにすることである。心にはっきり浸透させることができれば、自然に日頃の行動が伴っていく。周囲の目を気にしているうちは、まだ目的が曖昧なのである。

出世の目的をはっきりさせると、他人に気兼ねすることなく手段が具体化して戦略戦術が立てやすい。将来自分がやりたい大きな仕事のために努力するのであるから、俗物と言われようが多少意に沿わないことがあろうが割り切ってさわやかな生き方をするのだ。そうすれば、必ず出世のチャンスはめぐってくるはずである。たとえ出世競争に敗れたとしても、やることはやったと割り切ることができれば、その後の人生も明るく生きられる。

目的がはっきりしないからウジウジとした煮え切らない態度で臨むことになり、うまくいかないと他人のせいにして内心忸怩たる思いで悶々として過ごす人が多い。それでは何をしても良い結果は得られまい。今の会社で芽が出ないからといって別な会社に転職しても認められるはずがないのである。

目的が不明確だから中途半端な成果しか上げられないのだ。

確たる目的がはっきりしたら、他人の目や雑音を気にしないであらゆる努力を惜しまないことである。明確な目的を持って、明るく正々堂々と王道を行くことが出世への最短距離だと言いたい。

二〇代で組織の中身を大体把握したら次に、自分の目的に向かってできるだけ早く行動を開始すべきである。組織の長に昇りつめる人は志を高く持ち、人よりも一歩も二歩も先に進んでいる。

大きな仕事をしてみたい人は、堂々と出世ピラミッドに昇るために「処世術」を勉強すべきである。それは他人の顔色をうかがうことではない。だが、組織を動かす人間に認めてもらわなければ、自分の力の振るいようがないのだ。

時代背景が変わることによって組織の在り方も個人の意識も変化するが、組織を動かす人間の心は変わらないのである。晩年になって気づいても遅すぎる。

将来に大望をお持ちの方、半ば成功している方、進路を思い悩んでいる方、そして不幸にも苦境に立たされている方は、真っ正面から処世術を勉強して、真剣に取り組まれることをおすすめする。

■組織を動かす人になるための戦略的処世術

本書ではまず、第一章で、組織と個の問題や組織の機能、原則、特性など基本的な組織の実体について解説した。次に組織の構成員が組織と対峙する場合の基本的な姿勢を述べた。また、組織も時代の変化とともに変わってくるので、個はその対応を自ずと変えていかなければ生き残れないことを説いた。

組織もまた人間の集団であるから自分自身を守るために、組織側の人間は非情になる。また組織が崩壊するときもあり、その予兆について書いた。

その組織を動かす長はどんな人間であるか、またどんな人間でなければトップにはなれないか。**組織と、組織を動かす長を知らなければ、組織を昇りつめることはできない。**

第二章では、二〇代後半から三〇代を対象に、人間として、しっかりした基盤を作るために、そして仕事をするうえで「当たり前のことを当たり前にできる」ようになるための数々について書いた。

第三章は、**組織に生きるということは結局人間関係に尽きるの**で、その潤滑油である「処世術」を軽く見てはならない、むしろ真っ正面から真剣に学ぶべきであること、そのほかに遊びが人間を育て大きくすることなどについても触れた。

第四章では、有能な組織構成員になるための最低限のマナーや感性を磨くノウハウを書いた。上昇志向の人は自己啓発つまり自分を磨かなければならない。「品格や徳とは何か」についても触れた。そのうえで、**組織の長に認められるためにはどのような努力をするべきか**具体的に述べた。また、組織を動かす人々の特性を知って、各人各様に対応する方法を説明した。

第五章では逆に、組織の弱点を衝いて、できるだけ被害を少なくするノウハウを挙げた。不幸にして組織から弾かれそうになったときに、どのように対応したらよいか、組織を支えているルールを再認識する必要性を説いた。また**「組織から自分を守ることを考える」**と題して、組織のなかで生き残るためのたくましさを身につけ、リストラから逃れるための防衛策について書いた。

第六章では、組織構成員として、平社員の時代、ミドルの時代、役員の時代と階層別に陥りやすい犯罪について解説した。**組織の上に昇れば昇るほどリスクを伴うことは避けられない。**常に脇を固めて自己管理をしなければ、陥穽《かんせい》が待っている。

セクシュアルハラスメントや個人情報に関する法律や規範が次々と新しく生まれている。組織の存続に関わる内部告発やコンプライアンスの問題も少なくない。自分が直接タッチしていなくても結果責任を負わされ職を失うこともある。また、組織のなかで権限を持つ人間には善人悪人を問わず、人が群がってくる。そのため思わぬ犯罪に巻き込まれたりする場合もある。

最後に、「努力だけ」あるいは「誠実さだけ」では組織を昇ることはできない。運の力や運の怖さを知らなければ、良運を得ることも不運を回避することもできないのである。第七章では、**「運を味方につける姿勢」**について、日常の業務を通じて私の考えを書いた。

日本人は、かなり以前から出世に対して、正面から取り組むことに忸怩たる思いがある。ちょうど、お金の話をするとキタナイといった感覚によく似ている。そのくせ人よりも偉くなりたいし、お金も人一倍貯めたいのが大方の思いである。

特に最近の日本は、政治は元よりあらゆる分野で閉塞感がみなぎっている。「日本は、このままではいけない」と漠然とではあるが誰しもが思っていたが、行動が伴わないまま今日まで来てしまった。

そこに、未曾有の大震災が起こった。

今こそ、この不幸を乗り越えるため、変えなければならないことがわかっていても変えられなかった部分に、国を挙げて勇気を持って踏み込まなければならない。

個人においても、組織のなかで克己心や志を高く持って、目的に向かって堂々とさわやかに生きていきたいものである。

私は今こそ**「偉くなることをためらうな」**と申し上げたい。

また、戦略的出世術をお読みいただくことによって、逆に部下の使い方や会社経営のヒントが自ずと得られる内容にしたつもりである。

組織に生きる希望に満ちた皆さんへ、私の体験や経験が少しでもお役に立てば望外の喜びである。

目次

序章

私と組織の四三年間の付き合い

私が組織のなかで働いた期間は四三年間であった。青雲の志を抱いて社会に出てからその間、「偉くなりたい」という目的（スマートに表現すると〝上昇志向〟）を持って仕事をしてきた。どこまで達せられたかは差し控えるとして、仕事を通じていろいろな体験をし、いろいろな人間と出会い、組織を昇った。

振り返ってみるとずいぶん回り道をしたように思う。もちろん、いかなる戦略や戦術を使ってもそのとおりにいくものではないが、ちょっと知っていたらあんな苦労をしなくて済んだのにという例はたくさんある。

本書はすべて、この組織との付き合いのなかから生まれたものである。自己紹介がてら、以下に私の組織のなかでの経歴を時系列的に記す。

①組織が個を守ってくれた体験

今からちょうど五〇年前の昭和三六年に大学を卒業して、関西のセメント会社に入社した。当時、日本は終戦から一〇年以上が経ち、ようやく自信を取り戻し、国づくりに邁進していた。セメント業界は文字通り鉄鋼と同じ代表的な基幹産業であったので、新入社員の身分でも誇りに思っていた。

最初は総務部株式課に配属になった。「証券よ、こんにちは。銀行よ、さようなら」と言われ、証券市場が表舞台に出はじめてきたころである。

東京オリンピック開催の昭和三九年まで好景気に沸き、初めて社会に出た私は、働く場所とはこんなに楽しいところかと驚いたことを思い出す。文字どおり会社が家族のように迎えてくれた。勤務時間中に散髪にも行けたし、午後三時にはどこからともなくおやつが出た。仕事が終わると必ず先輩の誰かが飲みに連れていってくれた。もちろん平社員の私は一度も支払うことなく、奢ってもらうのが当たり前の感覚であった。

今になって改めて思い出すと、まるで別世界に住んでいたのではないかと錯覚を起こすほど隔世の感があるが、当時は日本のどこの会社も大小にかかわらず大方こんな日常であった。駆け出しの二三歳だった私は当然、**「会社＝私」の認識で働いた。**

②個が組織を変えた体験

入社して一年半が過ぎたころ、事務が主力の地味な株式課の仕事に飽き足らなくなっていた。同期入社の同僚は経理や営業あるいは人事といった中枢にいたので焦りもあった。

そんな折り、当時はどこの会社もすべて社内でやっていた株式の書き換え業務を請け負う会社（今でいうアウトソーシング）がぽつぽつ出はじめたということを聞いて、実力者の総務部長に直訴した。直属の上司では握りつぶされると思ったからだ。

「証券の代行事務を外部に委託して株式課は廃止していただきたい。株式課には優秀な人材がいるのでもったいない」

すると総務部長に「君は何をしたいのかね」と問われたので、「社内報も作りたいし、ゆくゆくは東京支店で営業をしたい」と答えた。

入社間もない若造が創業以来存続している課を潰す提案をしたら無視されるだろうと思っていたが、半年も経たずして株式課は解散し、私は社内報の創刊号を作ることになった。その後、願いどおり東京の支店勤務を命ぜられた。

扉は叩けば開くのだと思った。生意気盛りの二五歳のころであった。

③「組織」対「組織」の激突が「個」対「個」で収まった体験

東京オリンピックが終わり国威は上がったが、宴の後の不況がやってきた。

そのとき初めて非情な組織の一面を知ることになった。「希望退職」という人員整理が始まり、個は否応もなく巻き込まれていった。

私は職員組合の執行役員をしていたので、労組と会社との間に立って悪戦苦闘したことを覚えている。

入社以来、組織を昇りたい野心を持っていたので、会社からは睨まれたくはないし、そうかといって組合の役員であり、労働者にも良い顔をしなければならない立場にあった。結果、どちらの組織にも良い顔をすることによって、双方を裏切ることになった気がする。ほかの組合幹部たちはどちらかの生き方を鮮明にして闘っていた。

当時二八歳。まだ青年らしい正義感もあったので内心忸怩たる思いであったが、終わってみると私は双方の組織から評価された。

会社側の労務の責任者からは「立場をわきまえてうまく誘導してくれた」と感謝され、労組の委員長からは「学卒のあなたが頑張ってくれたので、最小限の犠牲で済んだ」と喜ばれた。一歩間違えれば総スカンを喰らい、そこで私の将来は閉ざされていたかもしれない。

労務の責任者はその後、社長、会長にまで昇りつめて頂点を極めた。この出会いによって彼の頭のなかに私の存在がインプットされることになった。

また、組合の委員長の信頼を受けたことも以後の私に有利に働いた。

さて、この労働争議で学んだことをまとめよう。

入社以来五年間、揺りかごから墓場まで家族のように温かかった会社が、ひとたび危機にさらされると、徹底して組織防衛に走るということがわかった。

一方、労組のほうも、労使ともに蜜月のころは一丸体制で邁進していたが、組合組織の防衛のために立ち上がった。

はじめは「組織」対「組織」のぶつかり合いで双方譲らなかった。そのうちに、あの人がと思うような人が過激な発言をしたり、信頼していた仲間がスパイ行為をするのを見て、組織はかなり人間臭い面で左右されることを知った。

結局は「個」と「個」の歩み寄りで収束していった。ここで、**組織は個の集まりであり、組織も人間と同じ生身の生き物である**ことを学習した。

また、日和見的な私の行動は見方によっては許しがたいかもしれないが、利害が反する組織のなかの複雑な立場で、双方が納得のいく妥協点はどこにあるかを探り、その働きを双方から認められたことは自信につながった。

④一旦は組織との決別を考えたが、個によって目が覚めた体験

それから三年が過ぎ、自分の仕事に疑問を持ちはじめた。会社は平穏で温かさを取り戻し、居心地は満点であったが肝心の仕事にファイトが湧かない。

このまま会社に残っても自分が望んでいる人生ではないような気がして、とうとう見切りをつける決心をした。しかし、当時は転職すれば今よりランクが下がるのが当たり前であったから、希望の職種に就ける当てはない。そこで転職は諦めて、かねてからあこがれていた経営コンサルタントへの道を探ることにした。

それには大学時代の学問では役に立たないので、経営専門の短期大学で夜三年間勉強して、中小企業診断士の国家資格を取った。今はダブルスクールで専門分野を学ぶことも普通だが、当時、大学を出たのに短大を卒業した者はなかったと思う。

幸い国家試験の成績が良かったのか、神奈川県庁からアメリカへ留学させてくれる条件付きでスカウトが来た。そのころはスカウトされるなど珍しいだけに即座に応諾して、意気揚々として会社に辞表を出した。

ところが直属の上司だった課長から「君は会社にとって必要な男だから残れ」と言われて、考え込んでしまった。正直言って課長とはそれほど深い人間関係になかったのだが、私に対する期待や信頼を知って、今までの仕事ぶりが急に恥ずかしくなった。

当時の私は会社の人間関係を甘く見て、自分の能力だけで仕事をしている気になっていたので、当然、周囲の人たちに対しても無礼であったと思う。こんな世間知らずの人間が、経営コンサルタントの仕事などできるだろうかと、急に自信をなくしてしまった。

こうして転職は断念して会社に残り、一から出直した。あのまま経営コンサルタントの道を選んでいたら、また違った人生になっていたかもしれないが、今思うと、この選択は正しかったし、課長の心配りに感謝している。

岐路に立った三二歳であった。**組織は去る者は追わないが、組織の仲間が未熟な私を守って**

くれた体験である。

⑤崩壊していく組織を見た体験

それからは迷いも吹っ切れ、仕事に専念できた。すると、やり甲斐が出て、会社も認めてくれるようになり、ますます頑張るようになった。

三五歳ごろ、債権管理を任されるという重要な仕事が回ってきた。

持ち前の実力を発揮するときだ。債務会社の経営を診断して信用状況を把握し、危ない場合は経営指導をして再建するのだが、力尽きて債務会社を潰し精算した例も数々ある。その間に、組織の盛衰や崩壊するときの人間模様などをつぶさに観察することができた。

組織は人間の集まりで成り立っていること、そのため人間に運があるように組織にも運があることがわかった。組織は簡単には死なないが、逆にどんなに努力しても「運」という得体の知れない力に振り回されて、死んでいくこともたくさんあった。

また、修羅場のときの人間の強さや弱さ、あるいは卑屈さや裏切りなど至るところで体験できたのは収穫であった。

⑥組織を自分の力で動かした体験

三〇代前半の同じころ、私の独立心はまた頭を持ち上げはじめ、どんなに小さな組織でもいいから動かしたい欲望を抑えることができなかった。

そこで、横浜に営業所を開設する企画を提出し、自分が責任者を志願して、部下は三人だけだったが念願の組織の長になることができた。

小さくても一国一城の主になったことがうれしくて、日曜日に一人で営業所へ出かけていき、そっと腰掛けに座っていたことを思い出す。

「いよいよこれからだ！　よし、やるぞ！」と高ぶっていた。当然と言えば当然のことだが、部下を持って初めて仕事は自分一人では何もできないことを知った。

また、正式な機関も通さずに独断専行した私の希望など聞くはずがないと思っていたが、念願がかなったとき、**個は組織の一歯車では決してないことを確信した。**懐かしい思い出である。

⑦傘下の小さな組織を動かした体験

四二歳のころ、傘下の商社の経営が苦しくなり、その支援のために、日中は支店の仕事をし、夜はおんぼろ商社の社長として働いたことがあった。

初めて大組織を離れて零細企業の社員と仕事をともにしたが、生活をかけて死にものぐるいで働く人たちを見て、この人たちのために何とかしなければという「利他」の精神が芽生えた。彼らと同じ目線で接すると仲間として認めてくれたので、私のモチベーションも上がり、それにつれて商社の業績も回復したことを覚えている。

経営は、利益を得るノウハウを考える前に、人間関係を強化することが大切であり、**ノウハウを活かすも殺すも人間次第である**ことを体験した。

⑧本社で大きな組織を動かした体験

本社に認められるためにどのようなことをしたかは、本文に書いたので端折るが、幸い、どこにいても上司に可愛がられたことを付け加えたい。

平社員のとき、私に人生の方向を教えてくれた課長に出会い、課長のときは、後に生涯の刎頸の友となる支店長と二人三脚で仕事をした。特に駐在専務には入社当初から気にかけてもらい、彼は退職してからも私が役員になることを楽しみにして応援してくれた、そして、本社からたまに来る社長からは夜の宴席のお供に指名される、といった具合に、誰か常に私に目をかけてくれる人がいた。皆が輿を担いで乗せてくれたのだと思っている。

人に可愛がられるということが組織を昇るための絶対条件である。

人生、どこで誰に出会うかわからない。**人間の運命は誰に会うかによって決まってくる。それだけに、そのときそのときの気配りは欠かさないことが大切である。**

念願の経営企画室長になり、組織全般を見る仕事を与えられた。そのときの社長が、入社してまもなく起きた労働争議で縁ができた会社側の労務の責任者であった。

経営企画室は全社を動かす司令塔の機能を担っていたので、案件は常にいろいろな意見を集約しなければ成立できない。そこには隠然としたインフォーマルな組織が存在していて、ちょうど「ねじれ国会」のようなもので、あっちを立てればこっちが立たず、苦労の連続であった。朝、ひげを剃りながら「いっそのこと辞めようか」と思ったことは一度や二度ではなかった。端で見ているとうらやましい限りのポジションでも、人知れず悩むことが多く、ストレスだらけの時代であった。

⑨合併の前には個は手も足も出ない体験

苦労の末、組織の登竜門である役員になったのは五二歳。当時、セメントのような重厚長大産業では最年少であったことを覚えている。

誰でも人生一度や二度、何をしてもうまくいく順風満帆のときがある。当時の私は、何でも不可能なことはないような錯覚を起こすほど不遜であった。

ところが平成元年の日米構造協議から日本経済は一変した。バブル経済が崩壊し、どの業界も一社だけでは立ち行かなくなった。「企業合併」という想定外のドラマが始まり、双方が積み重ねた歴史や風土、伝統、人脈、すべてを巻き込んで、巨大な「組織」対「組織」の駆け引きが始まった。私もその関係者の一人として巻き込まれていった。

合併はゼロサムゲームのようなもので、ある者がポストを得れば他の者は組織から弾かれた。「組織」対「組織」の力学が個々を玉突きのように弾き、弾かれた個はいろいろなところへ当たり、思わぬ結果を生んでいくのを目の当たりにした。

私は幸い、時の風に乗って、合併後の新会社で役付きの役員に就任することができたが、私が幸運であったということは、必ず犠牲になった人がいるわけで複雑な思いをした。

合併は個々の人生設計を狂わせる。伸《の》るか反《そ》るかの五六歳であった。

⑩「組織＝私」の体験

数年経って常務を退任し、関西にある建材メーカーの社長になった。

比較的大きな組織のトップになったので、長年培った経営の知識をいよいよ実践で試すときが来たわけである。

このメーカーは業界では名門であったが、構造不況のために長い間、業績が低迷していた。

私は今まで学んだ経営のノウハウを活かして、半年で黒字に転換した後、在任中の七年間、一度も赤字を出さずに済んだ。

さて、この場合の私と組織の関係を述べよう。

私は経営のすべてに目を通し、戦略戦術を考え、そのために改革改善を行い、陣頭指揮で業績を上げた。つまり、**組織は私のものであり、個が組織を制して動かした体験である。**

このときの体験から「経営は当たり前のことができれば、たいてい成功する」という確信を持った。それを書き留めて集大成したいと思ったが、どこにも出版社の知己はなかったので、ダメ元で同友館の門を叩いた。幸いなことに『〝当たり前〟から始めてみよう！――プラス思考の社長学』と題して処女出版することができた。

こう見てくると、私の人生は「叩けば開く」の連続であったことに気がつく。この出版を機に六三歳でまた新しい可能性が生まれた。

⑪組織から解放され、個から見た現在

六五歳になり、若いときからの念願であった経営コンサルタントへの道を歩むことにした。四三年の長きにわたり勤めてきた組織から解放された気持ちは、一口で言うと「天が突き抜けた」感じであった。一方、世に出てずっと組織のなかで守られ、バス代から電話代、交際費

まで面倒を見てもらっていたのに、すべて自腹で払うのだから戸惑った。これが個の存在なんだと初めて実感をした。

どんなに小さな組織でも、組織を離れるとまったく孤立無援であり、頼れるのは自分だけだと思い知らされた。

後ればせの船出であったが、好きなことをするのだから「青春という心の様相」を持ってスタートした。

アメリカの実業家、サムエル・ウルマンが八〇歳で出版した『青春』の詩を、このときほど身近に感じたことはなかった。

「青春とは人生のある期間を言うのではなく、心の様相を言うのだ。優れた創造力、逞しき意志、炎ゆる情熱、怯懦を却ける勇猛心、安易を振り捨てる冒険心、こう言う様相を青春と言うのだ。年を重ねただけで人は老いない。理想を失うときに初めて老いが来る……」（岡田義夫邦訳）

私は当年七四歳。独立してから九年、この「年を重ねただけで人は老いない」という言葉を信じて、「利己利他」の精神でますます元気に頑張っている。おかげでクライアントの皆さんからは頼りにされているので感謝感謝である。

⑫本書で申し上げたいこと

今までは組織のなかの自分であったが、経営コンサルタントの仕事は客観的に組織を診断する仕事である。広く、深く、観察して人間の深層心理にまで立ち入らないと経営診断書は書けない。自分の体験だけの狭い組織論ではなく、多くの弱点を抱えた組織と、そのなかで苦しんでいる人々に接する機会を得ることができた。

そうした内外五〇年間に及ぶ長い組織と個の関係から得た教訓は、**「組織は人間関係に尽きる」**ということであった。わかってみると、組織は人間の集まりで成り立っているのだから当たり前のことであるが、ここに組織を昇りたい人への回答があると思う。

さて、長い履歴を披露させていただいた理由は、大なり小なり皆さんも同じような道をたどっていると思ったからである。決して私個人の生き様をひけらかすつもりはない。

僭越であるが先に歩いてきた者として、本書では、私が体験した組織と、個とのそれぞれの出会いから、お役に立つことをお伝えしたいと思う。

第一章

組織とは何か？

組織特有のメカニズムを知る

1 組織を知る

1 組織と正面から向かい合う

「組織」の意味を、手持ちの辞書で調べてみると、「一定の役割や働きをさせるために、複数の人や物が集まり、全体としてととのったひとつのまとまりを作ること。また、そのまとまり。システム、体制をいう。」(『新選国語辞典』小学館)とあった。『広辞苑』は「織物で経糸と緯糸とを組み合わせること。」と至極あっさり記している。私は、最少二人集まれば組織と言えると受け取った。

組織の後ろ盾があれば、たった一人でも世界を動かすことができる。だが、個が組織に勝つためには、組織を自分のものにする以外は不可能である。

どんな組織に対しても、個が真っ正面から戦ったのでは勝ち目がない。組織に対して、ひとたび宣戦布告すれば死を覚悟しなければならない。なぜなら、勝ったとしても組織との関係修復は不可能であり、カムバックは難しいからである。よしんば組織のなかに残れたとしても、いろいろなハンディを持つことになり、生きがいを持って働くことはほとんど不可能だ。それでは負けたと同然であって意味がない。

組織が大きければ大きいほど、たとえ勝てる戦《いくさ》であったとしても、組織と対立したり、組織を相手に戦うことは、仕掛けるべきではない。

今まで「オレなくして、この会社はもたない。見ておれ」と言って去っていった者はごまんといるが、いまだかつて会社が立ち行かなくなった話は聞いたことがない。オーナー経営者でもない限り、これほど喜劇的な錯覚はない。

個が組織に勝つための結論は、賢い戦術や深慮遠謀をもって戦わずして勝つことによって目的を達成させることである。つまり、組織と相対するのではなく、組織に媚びるわけでもなく、組織を手なずけて共存しながら、己が組織を動かすようになるのが理想である。

勝ち組があれば当然、負け組もある。

まず、組織から疎んじられないことである。だが折悪しく、**窮地に追い込まれたときには、組織の弱点を衝いて脱するとか、組織の持っている機能を客観的に分析して、どう対応したら助かるかを考えなければならない。**

この場合は後々の関係修復など考えず、死を免れることに全力を上げて取り組み、手段を選ばないことだ。そして組織に残れることが決まったら、じっくり腰を据えて焦らないで、組織との関係修復をしていくしかない。

ところが敗退していく人々を見ていると、意外にあっさりしていて執着心がないのに驚かされる場合が多い。

組織を動かしたい人も、なんとか組織に残りたい人も、組織と真っ正面から向かい合う必要がある。

2　組織と個の相関関係

組織は一人では成り立たない。二人以上集まって組織ができる。

そこには自分と相手との人間関係ができる。組織を維持するのも人間関係である。結局、組織は人間関係に尽きる。

このように、**組織と個は相互に支え合う共存関係にある。**

しかし**組織は個々人の集合体であるから、個々の対立や摩擦が起こる**のは必然だ。個々人が持っている互助精神や感性、経験・体験、処世術、諦観、冷静な判断力などが機能して、組織内は常に対立、和解、再生が繰り返される。

①組織が人を制する

組織が人を活かす…椅子が人を作る、組織の持つ機能が支える、一丸体制
組織に迎えられる人…選ばれた人、勝ち組、素質
組織から弾かれる人…スピンアウト、解雇、負け組
組織が人を征する…合併などの外部要因、組織を壊すアウトロー、組織防衛
組織が人を防衛する…労働組合、弱者

②個が組織を動かす

人が組織を活かす…適材適所、人材に恵まれる、モチベーション
人が組織を滅ぼす…不適材不適所、コミュニケーションの欠如、放漫
人が組織を征する…己が組織を動かす、独裁、オーナー経営者
人が組織を防衛する…再建、リストラ、吸収、合併、買収

3 組織を維持するための手段と崩壊させる要因

①組織を維持するための手段

待遇、地位、権威、名誉、自尊心、権限、権力、独裁、賞罰、防衛本能、闘争本能、抵抗本能、維持本能、支配欲、主義主張、共同体、改革、改善、リストラ、合理化、信仰、義理人情、仁義、絆、血、掟、ルール、スローガン、一丸体制、扇動、動員、権利、義務、責任、命令など。

特に組織の成立時や危機のときには、このような組織を支える機能が働いている。

②組織を崩壊させる要因

国家権力、内乱、クーデター、解散、倒産、コンプラ違反、内部告発、訴訟、社会的制裁、自主閉鎖、休業、放任・放漫経営、社内の人間関係の不和、社内犯罪、競合他社、買収、など。

さまざまな要因で組織は崩壊するが、注意すべきことは**外部要因だけではなく内部要因からも崩壊していく**例も多いということである。

4 組織は時代とともに変化する

組織は一見、不変の力を持っているように見えるが、時代の変遷とともにその力や役割が変化していることに気がつく。

組織の構成員である皆さんは、この変化に気づかなくてはならない。気づかないまま過ごしていると、軌道を外れて落伍していくだけだ。

まず、世界から見るとかなり異質とされる「日本的経営」について、その変遷を時代とともに見てみよう。

①バブル経済が弾けるまでの高度成長期…組織が丸抱えの日本的経営の時代
②バブル崩壊後…日本的経営の否定
③リーマンショック以後…組織が淘汰される時代

以上のとおり、三つの大きな波があり、時代の変化とともに組織もその影響を受けて様変わりしてきた。

第一期　右肩上がりの高度成長期

「ゆりかごから墓場まで」の言葉が示すように、組織が丸抱えの時代であった。

終戦の混乱期から脱して、オイルショックなどの景気の波はあったが、ほぼ右肩上がりの経済成長のもとに、世界第二位の経済大国に発展した。

この原動力が「終身雇用」と「年功序列」の制度であり、国に代わって福祉の一部を会社が担ってきたのである。会社組織の庇護の元に、安定した生活が保障され、社員はそのお返しとして会社のために一丸となって忠誠心を発揮して働いた時代である。

そしてもう一つの要因は、通産省（現在の経産省）が先頭に立ってあらゆる業種に張りめぐらせた横の組織、「談合」と呼ばれる日本特有の力があった。

第二期　バブル崩壊

バブル経済の崩壊は、一九九〇年と言われている。

私は、日本の国が根本的に地殻変動をきたしたのは、その一年前の日米構造協議であったと認識している。

アメリカが日本に対し、「いつまでも甘いハンディキャップでプレイをさせるわけにはいかない。産業構造を根本から変えろ」と迫ったのである。

そして、次の構造改善事項がまとめられた。
①独禁法の強化　②大店法の改正　③内外価格の是正　④規制緩和　⑤排他的取引の是正
日本は、この要求を受け入れて大転換を図ることになったが、特に①の独禁法の強化と②の大店法の改正であった。「談合の禁止」は産業構造を根底から揺るがした。

先にも触れたように通産省を先頭に、あらゆる業界は談合の力で結束を固め、世界中に進出して世界第二位の経済大国を築いた。

この鉄壁を誇った日本丸も談合による力を失い、弱肉強食の時代に突入したため、あっという間に解体された。鉄鋼、セメント、建設、電気、海運など基幹産業はもとより、金融や保険、百貨店まで、ほとんどすべての産業が独り立ちできず、統合や合併、買収が数年続いた。その結果、多くの業界が劇的な変化を遂げ、新しい産業構造ができあがったのである。

国も省庁の再編成が行われ、今日に及んでいる。

この変化は革命に近い。一九八九年に行われた日米構造協議は、江戸末期にやってきたペリー以来の第二の黒船であったと、私は位置づけている。
②の大店法の改正は大型店の規制緩和による流通革命であった。車社会の到来と相まって、規制解除とともにあっという間に郊外型の大型店ができ、今まで中心市街地であった小売店は

壊滅的な打撃を受け、シャッター通りに変貌していった。

第三期　バブル崩壊後の時代

バブル崩壊の残した爪痕は、日本的経営の終焉であった。

アメリカの要求をのんで、日本の経済力は落ちた。自由競争は激化をたどり、企業は組織の存続のために、一丸体制を維持してきた「終身雇用」や「年功序列」を放棄せざるをえなかったわけである。

そして、以前なら希望退職を募ることがわかれば経営が不振なのではないかと不安説が広がり、株価は下がった。しかし、バブル崩壊を機に、逆に人減らしをしない企業は努力が足りないという評価が下され、株価が下がる現象が日常化していった。

特に、今まで聖域であった労働市場が根本から変わった。業績主義が中心となり、淘汰の時代に入ったが、パートタイマー、契約社員といった労働市場が生まれ、雇用される側も自由を求めて転職したり、ヘッドハンティングされるなど、雇用関係において意識の変化が起きたのである。

このように「組織」対「個」の問題は大きく変貌して、擁護の時代から対等もしくは対立の構図さえ見えてきた。

第四期　リーマンショック後の時代

二〇〇八年九月、アメリカのリーマン証券が倒産したことから世界同時不況が起こった。日本も輸出産業を中心に不振に陥り、企業を守るために人員整理が行われた。

特に、経済界を代表する企業が、季節労働者や契約社員を中心に大量解雇に踏み切ったのもこのころである。当時の労働組合のスタンスは「本体の企業が存続するためにはやむなし」と結論を出し、年末に社宅まで退去させる行動をとったため社会問題にまでなったことは記憶に新しい。

その結果、社員の忠誠心や帰属意識が薄れ、時には自衛のため、あるいは報復のために内部告発が頻発するようになった。

数年前までは想像だにできなかった現象である。

組織が変われば、構成員も自衛のために変わることは当然である。雇用の流動性が促進され、同時に格差社会が生まれる原因にもなった。

そして現在、東北の大震災により何もかもが一変した。これから日本はどのような変化をたどるか予想もつかない。

以上の変遷を経て、組織の個に及ぼす影響はますます厳しさを増している。個も組織に対する認識を自ずと変えつつある。

5 組織と個——自立と対立そして共生

組織と個の変貌を見てきたが、片方だけが変化するということはありえない。双方の変化は相関して必然的に起こる。したがって、この現象を認めたうえで話を進めたい。

サラリーマンは、会社から弾かれないだけの力を備えよ。会社に使われるのではなく、ましてや会社におもねるわけでもなく、会社から一目置かれ、自分の存在を会社に認めさせ、自分の目的を達成するためである。

このようなサクセスストーリーは、単純に書くことができるし、いたってわかりやすい。しかしその過程のなかで、計算外の出来事や想定外の事件が起きるので一筋縄ではいかない。

会社を取り巻く環境は複雑に入り組み、地球規模で舵取りを迫られるので、会社経営者も並の力では務まらなくなった。そのため会社は強固にならざるをえず、社員に対する要求も過酷で厳しいものとなる。成果が出なければプロセスは二の次であり、一所懸命や誠実さは自己防衛にさえならない。

このような厳しい経済環境のなかで、一人一人がどう生きていくかという命題は、単なる精神論や、やる気だけでは、蟷螂《とうろう》の斧《おの》である。そこには、**骨太のタフな精神と、大胆にして繊細な戦略戦術が必要**になる。

何度も言うが、組織と戦ってしまっては一巻の終わりであり、戦わずして勝つ方法を会得しなければならない。そのためには、日常起こるさまざまなドラマに瞬時に対応できる力を意識して養っていく必要がある。

俗に言う、処世術である。

筆者が組織に在籍していたときの例で言えば、意識して戦略戦術を持って対応したのではなく、その都度、無意識のうちに防戦したり積極策に出たり努力してきたように思う。今から思うとずいぶん危ない橋も渡ったが、強運を味方につけて泳いだ。

ただ一つ言えるのは、**手抜きをせず逃げなかったことに尽きる。**

その間に自然に戦略戦術が身につき、組織に協力し、時には組織と戦い、自分の存在を認めさせて組織と共存することができた。

本社の幹部から関係会社の社長を経て、現在、経営コンサルタントとして他社の経営のお手伝いしているが、指導する立場になってみて、組織と個の動きが鮮明に見えるようになった。

そして確かに、組織に弾き飛ばされないで、組織を味方にして、戦うことなく、タフに生きる術があることを知った。

日本が右肩上がりの時代は、先輩や同僚、後輩と交わるなかで自然に処世術を学ぶことができたが、現在はそんなゆとりも時間もない。

そこで私の集大成として、戦略的処世術について、組織のトップを目指す人を対象に書くことにした。処世術という言葉には「薄っぺらな」といった形容詞がつくことが多いが、あくまで戦略戦術として挑戦したつもりである。

6　組織の掟——組織力を最も発揮する軍隊と暴力団

組織力といえば、まず軍隊である。戦争とはもともと非情であるが、組織力が一角でも崩れた場合は、組織自体を維持できないからである。

また、「組織」という語感から、会社ではなく、組織暴力団を思い浮かべる人が多いと思うが、まさに組織力の差がもろに出るのは裏社会の組織である。

なぜなら軍隊も暴力団も生死をかけて生きているからである。

そこで卑近な例で恐縮であるがわかりやすいので、暴力団組織と組員との関係にあてはめてみよう。

①組織は組員を守る。反対給付として組員は組織を守る。

②組織は、組員の上にある。
③組織よりも組員が重んじられるとすれば統制が乱れ、弱体化につながる。
④組織は組員の権利を認めない。
⑤組員の存在は認めるが、組織を超えることは許さない。
⑥組員が組織に背いた場合は、死をもって償わなければならない。
⑦つまるところ、組員は組織のなかでしか能力を活かすことはできない。
⑧ただし、組織の組長は、組織を背負っていく責任があるので組織そのものである。

一見、おどろおどろしく別世界のように思われるが、一般社会においても同様である。**組織のなかにいたい場合は、個を抹殺しなければならない**点において何ら変わらない。ただ、命がかかっている場合、このような関係になることは必定である。

[2] 組織を学ぶ

1 組織の原則を知る

組織は原理原則で成り立っている。だがたいていは自然に動いているので、私たちはそれを気にもとめないで過ごしている。

組織という生き物は、その原則に従えば機能するようになっている。組織の原則を意識して完全に自分のものにしておくと、組織を使いこなすことができる。

同じ仕事をしても、できる人、できない人に分かれるのは、このように目のつけ所が違うことによる。このちょっとしたことが、組織を昇っていく人と、組織から弾かれる人の差になって現れるのである。

この機会にもう一度、組織について、おさらいしておこう。

組織とは、二人以上の集まりから成り立っている。目的を達成するために自ずと仕事も分担することになる。分担するには、原則に基づいて合理的に効率的に進めなければならない。そこで「組織の原則とは何か」をしっかり把握しておくことが必要になる。

主に考えられる組織の原則は次の五つだ。

①責任と権限の原則

業務を割り当てたら権限を委譲する必要がある。権限を委譲された者は業務を遂行する責任が生じる。責任の伴わない権限や、責任だけを持たされて権限のない状態は、組織を動かすうえで支障をきたす。

ただし、責任の取れない人に権限を与えれば組織は円滑に動かなくなる。したがって、肝心の責任者には業務を遂行できる能力がなければならない。

たいていの組織は、権限を与えるに値する人材が少ないために悩んでいるのが現実である。

②業務分担の原則

組織が目的を達成するためには、個々に業務を振り分けて、全員一丸となって取り組むことが必要である。

個々に業務を割り当てる場合、個人の能力を考慮に入れることはもちろんだが、一人に二役も三役も任せることは合理的ではない。ただし、製造工場の多能工化などはこの限りではないが、横断的ではなく、同一同目的のものが望ましい。

③責任範囲の原則

一人で管理できる範囲は限られているので、責任範囲を明確に決めなければならない。業務の質や人員の配置状況、合理化の度合いによって異なるが、最適な範囲を見いだすことである。自分の責任範囲を越えると、他者の権限を侵害することになる。すると責任の所在が不明確になり、組織は作動しなくなる。

④指揮・命令の一元化の原則

直接の上司は一人であるべきである。二人以上から命令を受けるべきではない。しかし、現実には、同一部署内の意思統一ができないため、上司によって命令内容が違うことがしばしばある。これに対して多くの人は、文句を言ったり、揚げ足を取って得意になっている。そうしたとき、皆と同じ行動を取ったのでは、その他大勢の範疇であり、同じ扱いを受けるだけだ。上司側に協力して交通整理を買って出ると一目置かれるようになる。

⑤組織機動化の原則

組織が肥大すると動きが鈍くなり、内部のコミュニケーションがとりにくくなる。また、インフォーマルな内部組織ができて、スムーズな業務運営を妨げる原因になる。

これに対して、組織の階層を短くしたり、業務によっては機動性を活かしてプロジェクトチームを結成したりする。

以上が主な五つの原則であるが、どんなに立派な原則論を前面に押し出しても、それだけでは完全な組織にならない。また、完全な組織などはありえないことを申し上げておく。

それでも完全な組織に少しでも近づける努力をするのが、組織運営に携わる人の仕事である。完全な組織とは、目的を達成させるために最適に合理的に動く組織を言う。**組織を効率的に動かすためには原理原則をはずしてはならない。**

組織を昇りたければ、このような観点から仕事をしよう。そうすれば、他との差別化に成功するだろう（例外の原則は、管理者のみが意思決定できる）。

次に、各論に触れる。

2 組織の決め手「一丸体制」は「情報の共有化」から生まれる

組織を動かすトップが最も望んでいることは一丸体制である。

皆が同一の目標に向かって心を一つにして、課題にぶつかっている姿を見ることができたら、組織人としての本懐である。

「一丸体制」の四文字は誰でも口にするが、なかなか達成できないのが現実だ。これができれば経営は成功していると言ってもよい。あるいは、一丸体制で取り組んでも成果が出なければ、産業の構造問題ということになる。

「一丸体制で取り組もう」などというスローガンは最も当たり前で抽象的な言葉であり、言われている側からすれば反論の余地もない。したがって、これほど空虚な言葉もない。

本格的な一丸体制は、経営ツールのすべてを駆使し、かつそれらが円滑に機能して初めて完成する。もちろん、ツールには組織の原則から人間関係のノウハウまで、あらゆるものが含まれる。

私も初めて会社経営を任されたとき、どうにかして一丸体制に持っていこうと取り組んだが、思うようにならず一時は絶望的になった。試行錯誤の結果、ようやく一つのキーワードを見つけることができた。

それは、**「情報の共有化」**であった。

つまり、**心を一つにするとは、私の知っていることはあなたも知っている、あなたの持っている情報は私も共有しているということ**である。これが実現すれば一丸体制は可能だ。組織の情報は個々人が持っており、ほとんど表に出てこない。個人情報はもとより組織の情報もそれほど開示しないし、オープンにする努力もしていないことに気づいた。

そこで、部署ごとに毎朝のミーティングを徹底することにした。ミーティングや日報はどこの会社でもやっているが、効果を上げているところは少ない。

まず、ミーティングのやり方を研究して実のあるものにした。紙幅の都合で詳細は省くが、司会と書記を決め、参加した全員が昨日あったことを報告するのである。「特にありません」は認めない。書記は「報告」「課題」「徹底」の三つの事項に分類して明記する。

課題の項では「誰が、いつまでに、どのようにしてやるか」を即決する。

翌日は課題から入って「やったか、できたか」を追求する。

この際、絶対に守らなければならないルールは、参加者がたとえ二人だけでも実行すること、一日も休まず継続すること、毎朝二〇分間で終わらせることである。また、できるだけ組織内をガラス張りにして情報を公開し、評価方法も透明性と公平性を重視した（詳細は拙著

『〝当たり前〟から始めてみよう！』同友館）。

すると、見る見るうちに全員の気持ちが一つになっていった。一番難しい「報告」「連絡」「相談」もスムーズにいくようになり、横のコミュニケーションも良くなった。

情報の共有化は販売の強化につながり、全社の行動が迅速になったので業績もたちまち上がった。

「経営とは、当たり前のことを当たり前にできるようにすること。そうすれば、必ず業績は上がる」

これは、後に経営コンサルタントになった私の指導理念である。その中核が「情報の共有化」だ。

3　和をもって貴しとなす、されど仲良しクラブになるな

一丸体制は組織の究極の望みである。

「和をもって貴しとなす」という聖徳太子の言葉を持ち出すまでもなく、日本は古来より「和」で成り立っている国である。日本人は農耕民族と言われるが、四季がはっきりしているため、どうしても天候の具合で農作業が同一の日に集中しやすく、隣近所が助け合って働かざ

るをえなかった。

このチームワークの良さが組織の強さを計るバロメーターである。しかし、あえてここでは「和」の持つ弱点について触れてみたい。

①和が過ぎる仲良しクラブは要注意

一丸となって取り組んでいるように見えても、能率が上がらない組織がある。


そのような組織は、「オレについてこい」といった親分肌のリーダーの周りに発生しやすい。それは組織内の派閥とも違い、主に共同で作業をする現場に、○○王国、△△一家がインフォーマルな形でできる。すると業務のスピードが、インフォーマルな仲間同士の基準に合わせて進むようになる。

和気あいあいと働いている姿は気持ちが良いので、何も知らないで見ると、本物の一丸体制となかなか見分けがつかない。

②インフォーマルな組織がフォーマルな組織に変わっていく

最も始末が悪いことは、いつの間にか仲良しクラブのインフォーマルなルールが標準化されてしまい、そこからはずれた行動をとると村八分になることさえある。

わかりやすい例としては、生産工場などで仲良しクラブができると一律に残業時間が増え出す。つまり、彼らのペースで作業を続けていくうちに能率が低下してしまい、ノルマをこなすために残業時間が増えるのである。

すると、残業手当も生活給の一部としてとらえるようになる。時間内の仕事のペースを遅くしたり、早く帰りたいと思っても生産性を上げると残業手当が少なくなって生活に影響してくるので、わざわざ残業を作ることになる。

そんなことが許されるはずがないと思われるだろうが、作業現場などではよく起きる事例である。この仲良しクラブがまかり通るようになると、お互いに切磋琢磨しなくなり、チェックがゆるみ、甘い体制に変化していく。特に危険な現場の場合、お互いに許容範囲が広くなり大事故が起こりやすくなる。万一、経営の中枢の指令塔に入り込んだりすると、最も深刻な組織の衰退につながる恐れがある。

組織は大なり小なり、「和」の名目のもとにインフォーマルな仲良しクラブが本流になってしまう危険性を持っている。組織のトップを目指す者は「質の悪い和」もあることに注意しなければならない。「やり手」と称されるカリスマ的リーダーの下で起きやすい病状であるが、発見しにくいのは仲良しクラブの守りが固いからである。

4　2・6・2の法則の活用の仕方

「2・6・2の法則」の意味は後で説明するが、組織の構造を知り、活性化するための一例である。

組織が人で成り立っていることは言うまでもないが、人員の質で組織の力は違ってくる。端的に言って、才能がない者が昇進すると、才能のある人が昇進の機会を失うことになる。こうして組織は衰退していく。一方、適材適所に人員を配置できれば、個々人の意欲と献身を生み出すことになり、その組織は活性化する。

つまり、**組織の成否は、適材適所の人員配置ができるかどうかである。**どこでも「我が社には人材がいない」と嘆く言葉が聞かれるが、結局は適材適所の人員が少ないことを指している。

多能工を採用したり、一線からリタイアした人材を再発掘して雇用したりしているが、簡単に良い人材が集まるわけはない。

問題は幹部クラスの人材であるが、特に中小企業になると深刻である。

社長は、役員の能力を買い、代償として地位を与える。部下は知恵や力を社長に売っている。したがって、社員はただ世話をしてもらっているわけではないが、能力の賞味期限が切れると買ってもらえなくなる。リストラである。

やり手の社長になればなるほど社内の人材が払底してしまい、外部から採ってきては役員の席に据えてみる傾向がある。多様化した雇用環境なので以前に比べたら選択の幅も広がり、思いどおりの人材が来るまで探し求めることは可能になった。だが社風や考え方が合わなかったり、なかなか期待どおりにはいかないものである。

一方で、できるだけ人員の合理化を図り、お荷物になっている社員をリストラしたはずなのに、残った現有勢力のなかからも戦力外ができてしまう。

「どうしたら彼らを使える人材に育てられるか」が命題である。

さて、その方法であるが「2・6・2の法則」を参考にするのも一法である。

この法則は多くの人が知っているが、「なかなかよく言い当てているなあ」程度にしか理解されていない。しかし、中身をよく理解して積極的に活用したいツールである。

①2・6・2の法則とは

「2・6・2の法則」というのは、神輿の担ぎ手が一〇人いるとすれば、そのうちの二人が率先して神輿の先頭に立ってリードし、実際には六人の者が神輿を担いでおり、最後の二人はぶら下がっているだけだという説である。

つまり多くの組織では、二割の人が積極性をもって引っ張り、中核の六割の人が忠誠心をもって言われたことをやり、残り二割の人は積極性もなく実績も出さない、どちらかと言えばお荷物さん的存在になる。

ここで面白いのは、上位二割の人材ばかりを集めたとしても、成果が上がるわけではない。なぜならば、そのなかでまた2・6・2の構成になるからだという。ちょうど、ホームランバッターばかり集めていたときはチーム成績が芳しくなかったジャイアンツを思い出す。

人間は置かれた環境によって、能力の出し方が変わってくるということである。環境適応力の柔軟な人ほど変化する。

上位二割ばかりを集めても足の引っ張り合いをするだけだ。結論としては、上位二割の人材ばかりを集めようとするよりも、下位二割の人たちを切り捨てないことだ。組織内の上位・中位の人間が優秀であるならば、たまたまそのなかで下位二割の役目を果たしているに過ぎないからである。したがって下位二割の人たちを切ってしまうと、優秀な人たちが優秀でいられなくなってしまう。

②『荘子《そうじ》』の「無用の用」の法則

役に立たないとされていた者が大きな仕事をしたりすることも事実である。

『荘子』の「無用の用」を発展させて、下位二割の役に立たないと思われている人たちを登用してみることを考えてみたい。結果の保証はできないが、意外にやれる人材を発掘することができるかもしれない。少なくとも、組織全体のレベルを上げるためには役立つ。

プロジェクトチームを編成するとき一般的には、それぞれのレベルから数人ずつ混ぜるが、それでは下位は下位のままで変わらない。そこで思い切って下位二割の人材だけを集めると、環境が変わり俄然やる気を出し、立派な成績を上げる者が突如出てくることがある。

今まで下位であった人間が思わぬ良い仕事をすれば、安泰を決め込んでいた上位の連中は危機感を覚えるし、同クラスの人たちはやればできるといった刺激が生まれる。

よどんだぬるま湯的な危機感のない組織は、手を突っ込んでかき回すことだ。それによって意外に大きな変化が現れ、活性化につながる可能性を持っている。

人材がいないと嘆いてばかりいないで、先の「どうしたら彼らを使える人材にできるか」という命題に答えて、やってみることをおすすめする。

③なつかない鷹は餌づけをして懐柔する

扱いにくい連中を味方につけると、誠実な社員より頼りになるものである。たとえば、映画『ランボー』に見るように、「ならず者」ばかりを集めたコマンドが、ここ一番でものすごい働きをする最強の戦力になるのである。

この連中を敵に回すと、自分が出世していくときに厄介な壁となって立ちはだかる場合もあるし、逆にライバルの出世の巻き添えを食って自分の地位が危うくなることさえある。なにしろ、ライバルとの対立は組織そのものを壊してしまう破壊力もあるので十分気をつけたい。

5　組織は非情でなければ守れない

「泣いて馬謖を斬る」――中国の歴史書『三国志』にある誰でも知っている言葉である。

三国時代、諸葛孔明は、腹心の部下である馬謖が魏との戦いで命令に背いて大敗したため、軍律によって泣く泣く、馬謖を斬ったという故事である。

このように組織の非情さあるいは冷酷さを表現した映画や小説は多い。特に**強固な組織であればなるほど冷酷非情でなければ維持できない。**

組織を守る意味で冷酷にならざるをえないのは軍隊と暴力団であると、先ほど述べた。そのほかに、組織を挙げて防衛する官僚の世界、「組織」対「組織」の闘いである労使、外的攻撃に対する会社の防衛など、命まではかけないが組織の攻防をかけて組織ぐるみで戦う場合もある。

組織の構成員は巻き込まれ、必ず犠牲になる人が出てくる。そのなかを生き抜いていくのは大変である。その反面、個は組織によって守られている面もある。代表的な例は合理化闘争における「組合」対「会社」に見られる。この項では、組織が自身の延命のために個を裏切るような危険に遭ったとき、あるいは遭いそうなときに対処する方法を伝えることが目的なので端折る。

いずれにしても組織は、組織自体を守るために行動するので、犠牲者が出るのは避けられない。しかし、**組織を動かすのは構成している人間であるだけに許しがたい怨念や、不公平感が潜んでいる。**スケープゴート、陥れられる人、自ら進んで飛び込んでいく犠牲的精神の持ち主、イヤイヤながら服従する人など、犠牲といっても千差万別、多種多様である。

それだけに一律には語れないが、人生にはめぐり合わせがあり、どうしても渦中に入らざるをえない宿命めいたものがあることも事実である。

ある程度の地位まで行った人たちの大半は、組織の犠牲になりかねない危険が、自分の身に降りかかってきた経験を一度や二度お持ちだと思う。言い換えると、一度も危ない橋を渡らずに組織を昇りつめることができたとしたら、よほど幸運な人である。

それほど、組織も個も双方ともに安泰ではない。そして時代とともにその攻防は熾烈さを増している。

6　組織の歯車の一つで終わりたくない人へ

組織の話になると必ずと言ってよいほど「個」の問題が出てきて、「組織と個は対立か従属か、あるいは共存か」という議論になる。

「個は組織の一歯車か」という問いに対して、私は「個は組織の一歯車であるとともに組織を動かす原動力である」と答えよう。

それは現象面を解説しているだけで、答えにならないという人もいるだろう。しかし、歯車論それ自体、一面の現象を問いただしているに過ぎない。

当たり前と言えば当たり前であるが、組織は個の集合体であり、組織は個々人の集まりである。

組織と個の関係は、ＴＰＯによって守ったり攻められたり、裏切ったり裏切られたりである。組織のなかでは、個々人がそのとき置かれた立場によって、忠誠心を誓ったり復讐を念じたり、入り乱れて行動している。

歯車論は一見、本質をついた大問題のように思われがちだが、二者択一の問題ではない。組織のなかでどう生きるか、あるいはどう生きたかの問題である。

しかし、組織を自分のものにしたと思っても、所詮は組織の手のひらに乗っているだけで、組織の制約から逃れることはできない。

たとえ完全に組織を掌握したはずの独裁者であっても、その制約を作る者は彼自身だからである。

若いときに「所詮は歯車の一つだ」などと言っている人は、いつまで経っても歯車の一つから抜け出せない。単なる歯車でよいと思っている人は、この本をお読みになる必要はないので、ひたすら忠実に歯車の一つとして役目を果たしていただきたい。

問題は歯車の一つで終わりたくない人たちである。

組織を昇りはじめるには一定の年齢が必要であるが、どんなに若いうちでも**組織のなかで存在感があるかどうか、あるいは存在感を示すことができるかどうか**が問題なのだ。

したがって存在感を出す過程で組織の歯車と逆行するときもあるが、たとえそれによって不都合なことがあっても、組織のなかで生きていくことを認められる存在でありたい。なぜなら、認められないということは、組織のなかで死を意味するからである。

「オレは一歯車で終わりたくない」と考えている人は、歯車から脱する一連の努力をして、やがては歯車を動かす一角になることを目的にしてほしい。

7　組織が崩壊する予兆

①組織は内外の問題から逃げられない

組織は内と外と両方の顔がある。個人の家庭でも同じことが言え、家庭内と、外の社会での接し方である。

組織を取り巻く外部とは、地域社会、日本社会、国際社会、地球規模などである。

業務上における外部とは、株主、政府機関、投資家、顧客、取引先、産業団体、監督官庁、地域住民、債権者、消費者などステークホルダーであり、組織の内部とは、社員や労働組合である。

これら内外のグループと良好な関係を保ち続けないとリスクが増大し、ビジネスの継続が危うくなる。良好な関係を維持するためには、これらのグループとの関係を規定する法令を正しく理解することから始めなければならない。

以下、最近問題になった法令だけ挙げてみよう。取引先に対しては、独占禁止法、不正競争防止法、知的財産権法、優越的地位の乱用など下請法。市場関係では、独占禁止法、消費者契約法、金融商品販売法、個人情報保護法、環境基本法。証券関係では、商法、証券取引法、株主代表訴訟など会社法。社員に対しては、労働基準法、男女雇用機会均等法、セクハラ防止法などがある。

このようにあらゆる社会環境から企業は逃げることはできないので、組織は内外から揺さぶられると極端にもろい面がある。特に最近は、社会に対するコンタクト如何によっては思いもよらない方向へ猛スピードで走るので、舵取りを間違えると一瞬に崩壊する危険性を持っている。

まさに「築城三年、落城三日」の言葉どおり、いくつもの会社が消えていった。信頼を得るには時間がかかるが、失うのは造作もないということである。

これまでは経営の技法のみを追求すれば利益は出たし、いかに収益を上げるかという観点でとらえていれば済んだが、国際規模で、いや地球規模で、その行動が急速に直結する時代になった。

それに対応するためには、従来のような対策だけでは不十分であり、専門家と密にコンタクトを取って疑問点を逐一相談しながら進めなければならない。

社内においても、雇用問題は多様化しているので複雑になり、加えて個人情報にも気を遣わなければならない。以前は社員と会社は一心同体であったが、現在は社員と会社が対立したり敵対関係にすらなる恐れがある。つまり、身内であるはずの社員からの内部告発や、セクハラ問題が起きて組織を揺るがしている。

このように経営のノウハウを超えたところで崩壊の芽が出てくるようになった。

②内部から崩壊する時代

私は長い間、営業の責任者として任についていたので、取引先の信用管理や代理店の経営にタッチしてきた。したがって再建から倒産という最悪の事態まで、数多くの事例を見てきた。組織が崩壊する最後は整理、倒産であるが、昔と今では倒産の原因が大きく変わってきたことに注意しなければならない。

かつては社長の放漫経営や連鎖倒産などが典型的な例であったが、最近では社内のコミュニケーションの欠如やモチベーションの低下、あるいは社員の会社への報復といった内部告発など、外部よりも内部から崩壊していく割合が圧倒的に多い。

③内部でエネルギーを使いすぎる組織

会社の組織は、そもそも内部を固めて外に向かって一丸体制で臨むことが望ましい。しかし、何を決めるにも関係者に根回しをし、長い日時を費やしてやっと社長のところまで来ても、今度は社長のところで意思決定がおりず、結果はタイミングを失ってお蔵入りになったりする。

このような会社は、事を起こす前の段階でかなりのエネルギーを使い果たしており、肝心なときになかなか一丸体制になれない。したがって成果は上がらない。常に否定ばかりしている役員が勝利宣言を出すような会社は危ない。

④指示待ち族の組織

崩壊のきざしを告げる黄信号が灯るようになるには前提条件がある。

超ワンマン社長はどうしてもトップダウン方式の経営になる。創業初期は強烈なリーダーシップで引っ張っていくので成功例が多いが、組織のトップリーダーの優れた資質の元に、皆が一糸乱れず目的に向かって邁進することは理想でさえある。

崩壊の兆しの条件とは、社長のワンマンの度が過ぎて茶坊主ばかりが周りを取り囲み、耳の痛いことを進言する者を遠ざけることによって、だんだん裸の王様になってしまうことを指す。人事も公平感を欠いてくるので、気骨のある社員はイヤ気がさして一人去り二人去りしていく。社内に告げ口や陰口が横行して疑心暗鬼が生まれる。こうなると社員の意見はますます通りにくくなるので、社長に言われたことだけをすればよい体質になり、当然、組織全体のモチベーションは下がる。

⑤組織内の権力闘争

インフォーマルな派閥ができて水面下で暗闘が行われる。こんな社風ができはじめると、互いに足の引っ張り合いや中傷が始まる。人事政策も露骨に行われ、報復人事が当たり前になる。

一丸となってこそ組織の存在意義があるのに逆に分断分散するのであるから、本来の組織の機能は失われてくる。これでは外に向かってエネルギーを出すどころではなくなる。

⑥組織の崩壊

トップから平社員まで規律が乱れて好き勝手なことをしはじめると、文字どおり社内が荒れ果ててくる。

まずは個別に、社長が私腹を肥やす、専務が裏取引をする、部長がリベートを取る、課長がセクハラをする、平社員が交際費や出張旅費の水増し請求をする。

このような組織は、デタラメなことをするようになる。

経理部は社長命令で脱税や粉飾決算をする、製造部は平気でコンプライアンス違反をする、営業部は安売りが当たり前になるといった調子で、内部から起こったことが外部に飛び火するのである。そして世間から糾弾を受け、社会的信用を失っていき、組織は崩壊する。

3 トップリーダーを知る

1 組織はトップリーダーの力量以上には伸びない

組織のトップとナンバー2とでは、責任の重さ、つまり責任の質において雲泥の差がある。これは実際にトップになってみなければわからないことで、たいていの人は外から眺めて想像するに過ぎない。それだけに組織の構成員は、トップの考え方、トップの置かれた立場など、トップの心理を勉強して、少しでも努力して理解することが、トップに認められる第一歩である。また、トップの立場を理解することによって、いつか組織の中枢に位置することができる。

組織のトップといっても、その軽重にはかなり差がある。

最強の権力の座を与えられ、最高に重い責任を強いられるのは国家元首である。次に、生と死が隣り合わせの軍隊や、卑近な例だと暴力団の組長といったところである。

いかなる組織であっても、人を束ねて目的を達成することが使命であるから、トップリーダーには高度な能力が要求される。

会社でいえば、誰にも叱られない地位は社長だが、すべての責任がのしかかる。社長ともなればあらゆる問題に対して、知力はもとより創造力、体力、統率力、度量、冷静沈着さ、感性などを総動員し、瞬時に決断しなければならない。

私は何人もの優れた社長やダメ上司に仕え、退任後は経営コンサルタントとして多くの会社のお世話をするようになって、共通の原則を見いだした。

それは**「組織はトップリーダーの力量以上には伸びない」**ということである。会社の大小にかかわらず言えることであって、スピードが要求される現代はますますこの傾向を強く感じる。その理由を述べよう。

日本人は、全世界的に見れば、一定の高等教育（?）も受けているし、本来まじめな民族である。したがって、上司がぼんくらだからといって仕事をさぼったり、意識的に手抜きをしたりする人間はさほど多くはない。

しかし、有能な人物であっても凡庸な上司の下に仕えると、本人は一所懸命やっているつもりなのだが、だんだんと仕事の質が悪くなり、モチベーションも下がり、やがては鈍刀になってしまうという現象が起こる。

知らず知らずのうちに上司の力量にベクトルが合ってしまうのである。日常業務は誠に楽であるが、後になって自分自身が鈍刀になっていることに気がついたときには、すでに取り返しがつかないほど周囲に水をあけられているのが、この恐ろしさだ。

こんな上司に出会ったら、いかに早く脱出を図るか考えなければならない。上司と自分の関係を冷静に分析して、付き合いきれない相手であれば、今後の対応を考えるべきだ。特にあなたが出世の大切なターニングポイントの時期にあたっていたら、脱出を急がなければならない。

一方、「我が社には人材がいない」と言う経営者や管理職が多いが、所詮、上司と部下は「合わせ鏡」のようなもので、部下に不満を感じたときはまず自分を省みることだ。

「己を知り、敵を知れば百戦あやうからず」。おなじみの孫子の兵法であるが、組織に生きる場合、この諺ほど的を射た言葉はない。ここで特に指摘しておきたいのは、敵（相手）を知ることばかり考えがちであるが、案外、己（自分）を知ろうとしないことである。自分を知らないのに相手を攻略しようとしても勝てるはずがない。その意味で改めて己を見つめ直していただきたい。

2 一将功《いっしょうこう》なりて万骨枯《ばんこつか》る

社長のポジションに限らず、一つの席が埋まると少なくても二〜三年は席が空かない。組織のピラミッドを昇りつめようと思えば、悲喜こもごもといった現象が生まれる。

人生には運がつきもので、行くところ空席ができてとんとん拍子に昇っていく人や、必ず上司が入れ替わったばかりで、いつも貧乏くじを引く人が出てくる。

私の経験では、業績の良し悪しだけでなく、めぐり合わせも大いに関係してくる。ついている人は、前任者の働きで業績がドン底からようやくはい上がってきたときに着任して上昇気流に乗ってしまう。勝てば官軍で彼の功績として評価される。

だが、裏に回った人は不思議にまた下降線をたどる部署に座る羽目になる。こんな人は、常に逆波をくらい、逆目が高じると焦って無理をしたりする。すると今度は自分から墓穴を掘ってしまい、不遇のままに終わってしまう。

もっと過酷なシーンを見たことがある。建設業のように現場ごとに事業部制などを設けているところは、当然、おいしい現場や初めから赤字の現場がある。気に入らない部下がいると分の悪いところへ追いやったり、子飼いの社員を業績が上向きそうなところへ出してやったりする。当然、その犠牲になる人が出てくるわけで、お気の毒としか言いようがない。

このような人生模様を見ていると、つくづく個は歯車の一つであり、組織を動かす者に振り回される度合いが多いことに気がつく。

それだけに組織に弾かれないように細心の努力をしなければならないが、結構何の策も講じないで不遇をかこって開き直っている人が多い。

私事で恐縮であるが、役員になったときの家内の言葉を思い出す。

「あなたが役員になれたのはたくさんの人のおかげなんだから、自重しなきゃダメよ」と、有頂天になっている私を諭してくれた。彼女の本心は「私はあなたの犠牲になった」と言いたかったのかもしれない。

今振り返ってみると確かに、いろいろな人に出会い、無意識のうちにたくさんの人を傷つけたように思う。勝ち馬に乗っている者は、傷つけた細かいことは覚えていないかもしれないが、反対に裏切られたり犠牲にされたりした者は、かなり長い間、怨念にも似た気持ちで覚えているものだ。

①偉くなったら謙虚な心を持つ

偉くなったら今度はできるだけ身を低くして優しい心で接するぐらいでちょうどよい。

組織の頂点を目指すなら、些細なことで目くじらを立てて、やたらに人を傷つけないほうが賢明である。小さな虫と思って軽く見ていると、思わぬところで足をすくわれるので、なるべく恨みは買わないようにしたい。すべての美徳を備える必要はないが、備えているように思わせるぐらいの細心さは欲しいものだ。

いずれにしても組織のトップは後方陣地に控えて、部下を死に追いやる命令を下し続けるのだから、並の神経では務まらない。後ろから撃たれる場合もしばしばあるので、後ろにも目を持たなければならない。

②虎の威を借る狐

やたらに人前で罵倒して自分を誇示したり、見せしめにわざと人に恥をかかせたりする手合いがいる。だが、そんなことでは人は動かないので、やめたほうが身のためである。

自分では気がつかないだろうが、真に実力がないと虎の威を借りて権力を行使しがちである。たとえ自分の身に余る椅子であっても、真剣に努力をすれば自然に様になっていくものだ。焦らないでじっくり取り組んでいれば、そのうちに信頼されてくる。

③虎穴に入らずんば虎児を得ず

一方、組織の構成員は、組織に使われている間は、逃げてばかりいると組織に見放されることになり、スタートラインにさえつけないかもしれない。若いうちの苦労は買ってでもしろと言われているが、やはり自分から申し出る心意気を見せなければ認めてくれない。

しかし、虎穴は危険な場所であり、虎児を得れば認められるが、食われてしまえば元も子もない。お金儲けと同じでリスクを覚悟しなければリターンもないわけで、逃げてばかりいる人にはチャンスが来ないことだけは事実である。組織はそんなに甘いものではない。

④自分の存在感を常に計れ

地位がある程度上がると、今度は維持するのが大変になる。自分の意見が通らなくなったら存在感がなくなってきたと思ってよい。

もっとわかりやすく言えば、上司が自分に顔を向けなくなったとき、ご下問が減ってきたとき、話題に上らなくなったとき、叱られなくなったときは、疎んじられているか信頼されなくなったかのどちらかである。

早く対処しなくては、次の取締役には選任されない恐れがある。保身のためには、この程度の繊細な感性と心理戦争に長けていなければ留任はおぼつかない。

つまり、判断の基準は当然選んでくれた上司との人間関係が第一であるが、次に客観的な分析として、組織にとって自分は存在感があるかどうかを問い、同時に自分の存在を認めてくれているかどうか、ときどき自分に対する期待値や関心度を計ることをおすすめする。

3 リーダーの資質は即断即決、即着手

経営にとって最も大切なことはスピードだ。逆から言えば、スピードのない経営は認められない。

この考えはなにも年をとったせいではない。平社員の若いころから後追いの仕事はしなかった。

要領が悪い人の共通点は、机の上に三カ月前の週刊誌などが書類の間に挟まり山積みしている例が多い。私は、机の上が綺麗に片づいているかどうかを見て、仕事の力量を計るバロメーターにしてきたが、大体はずれたことがない。

経営コンサルタントになって、ますます経営はスピードが最重要であることを確信するようになった。

①すべての案件は二者択一である

時代の波が早いばかりでなく、課題をつぶさに点検した後は、やるかやらないか二つに一つしかない。仕事に限らず人生はほとんど二者択一の選択をしながら生きている。

本当に迷った場合はどちらをとっても結果はさほど大きな差は出ないと考えられるので、一種の丁半ばくちのような感覚でとらえることもできる。

ある日、決心がつきかねた案件があったので、深夜一人で深呼吸をして左右に選択すべき条件を置いて、真ん中に鉛筆を立てて倒れたほうに決めたことがある。

そのときはこれだけ検証したのだから、天にお任せして最善を尽くす気持ちであった。また、どんな結果が起きても後悔しないことにしたら、大変気持ちが楽になって、決めた後は全力で取り組むことができた。一見ふざけているように見えるがトコトン考えた後なら、すっきり割り切れるものである。いつまでも引きずることは、結果的に良くない。

②即断即決、即着手の実践

ここまでやって決めたのに、いざやる段になるとなかなか取りかからない経営者もいる。これでは何のために早く決めたのかわからない。「決めたからにはすぐやれ」と私はまた怒鳴ってしまう。

即断即決、即着手ができて初めてワンセットである。ここで大切なことは、むしろ決めるまではじっくり熟慮して、決めたら即やることがベストである。

初めて試みる企画などは誰も結果はわからないのだから、早く始めれば始めるほど、間違った場合に即座に引き返すことができる。早く引き返せば最小の犠牲で済むことになる。また、たとえ着手が遅れても失敗がないように熟慮したほうがよい場合もある。

その反対に時間をかけて取り組んだが、さっぱり決まらず、ようやく決まってもなかなか動かず、やっと動いても課題が山積で進まず、今さら後戻りもできず目をつむって突進した結果、大失敗などということがある。

保険の営業は訪問販売の典型的な例であるが、すでに行き渡っているのでかなり難しい営業に属する。常にトップを走っている営業マンに出会ったので、「売れるコツは何か」と尋ねたが、本人は「なぜ売れるかわからない」と言う。わからないという答えが正解なのかもしれない。セールスの達人は、商品を売っているのではなく自分自身を売っているのだ。商品が売れる理由を言っているようではまだまだ達人の領域には達しない。

ただ、ここでわからないまま引き下がったのでは経営コンサルタントとしては失格である。しばらく彼の動き方を見ていたところ、キャンペーン月間の三分の二ぐらい、つまり二〇日まではほとんどノルマを果たしていた。片や、どうにも成績の悪い社員を見ていると、初動が遅く一〇日ぐらいから本格的に動き出す。締め切りのぎりぎりまで汗水垂らして営業しているが、業績は冴えない結果に終わっていた。

面白いことに、どんなにスタートを早くやることがコツだと教えても、うなずくだけで実行しない人が多い。**理解することと実行することは別物なのである。**これは第二章で述べる。

4　リーダーは感性が勝負

「優れた仕事はセンスの良し悪しで決まる。感性と直感力を磨くことだ」と大先輩に教えられた。この言葉は、私の後半生を決めるぐらい、メガトン級のインパクトであった。

まず、感性とは知識を形成する対象を直感的に受け入れる能力のことを言う。

感性というものは、形がないだけにとらえどころがない。そのくせどこでもよく聞く言葉である。また「あの男は感性がない」と言うと妙に説得力がある。このように明確にわかるようでわからない言葉なので、意識して自分のものにしようという人は少ない。それだけに同僚を引き離す強力な差別化になる。

見出しには「リーダーは」とつけたが、感性は若いうちから養い磨くことが必要である。これからの時代、感性が優れていなければどんな戦略戦術があっても有効に使えないからである。

ましてて組織を動かしたい人は、感性という形のない能力を意識して磨くことによって、より高みを目指すことができる。逆に感性の持つ力を認識できない人は諦めたほうがよい。

その理由は、組織のトップになる多くの人は、鋭い感性を生まれつき持っているからである。ものを見る視点や問題の核心を突くシャープさ、繊細な神経、普通の人にはわからない勘、見通せる深い読みなどは、生まれたときから持っている素質と言える。

そこまで言い切ると、凡人は絶望的かといえばそんなことはない。感性に対する認識の深さや日常の磨き方は、少しずつ身についてくるので切磋琢磨していただきたい。

社会の変化に対応し明日の未来の成り行きを予測しないと、事業計画は立てられない状況になった。ここでは瞬間に判断できる感性が必要になる。

どんな組織も事業計画を立てるが、バブル崩壊の前までは多少の変化はあっても右肩上がりの経済成長期であったので、過去の実績から推測した計数だけで作成することができた。結果的に大きな差異もなく計画どおりの実績を上げてきた。あれから二〇年近くの間に市場も世界規模になり為替レートも影響するし、年々猛烈なスピードで変わりつつある。このようなグローバル社会を迎えて、過去の実績だけでは予測がつかなくなっている。

経営戦略の策定や選択はまさに直感力と分析力の産物であって、優れた感性なくしては、この変化の激しい経済界で的確な指針を得ることはできない。

また、経営判断をするときにひらめきが大きな力になる。優れた経営者、特に起業家は卓越した感性を備えているからこそ、他人が考えられない発想が浮かぶのである。

今や感性なくして組織のトップは務まらない。具体的な磨き方については第四章で触れる。

第二章

偉くなる人の仕事術

当たり前のことを当たり前にやるのが肝心！

本章では、組織人としての骨格づくりを目指す。個人の品格を意識して磨くことから始め、仕事の基本を改めて習得し直していただきたい。

年齢で言えば三〇代、入社してから七〜八年経ち、組織の概要やその人員構成、仕事の仕組みなどをおおよそ理解したころである。今までは、組織を昇るためのウォーミングアップに過ぎない。いよいよ、組織人としてのスタート地点に立ったわけである。

私の経営に対する座右の銘は**「当たり前が、徹底して身につけば非凡になる」**。

当たり前のことができずして、難しい戦略を考えてもムダである。

まずは、当たり前のことが当たり前にできる人間になろう。

1 こんなことはできて当たり前

1 読み書きソロバンを身につけろ

寺子屋を思い出して、学校で習ったことをもう一度謙虚な気持ちになって学習することをおすすめする。

①読む、話す、聞く

「読む」に関しては、本書の読者に対して釈迦に説法になるので省略する。

次に、**「話す」ことは組織のなかの人間関係を良くするために大切なことである。**人間関係の基本はコミュニケーションである。つまり、話す技術、伝達の仕方が重要なファクターになる。日常会話は自然にできても、ひとたび自分の考えを他人に理解してもらうとなると非常に難しい。

私も組織に使われている間はお互いにコミュニケーションがとれているように思っていたが、立場が変わって組織を動かすようになると、特に縦の階層に対して、いかに通じないかを痛切に感じた。

「うちの役員はまったくわかっていない」と社長が言えば、役員は「うちの社長はわかってくれない」と言う。役員は管理職をつかまえて「うちの連中は何を考えているのかわからない」と嘆くし、彼らは「うちの役員は何もわかっていない」と憤る。毎日同じ釜の飯を食べていながら、このような会話がどこの組織でも聞かれるのだからいかに伝えることは難しいかがわかる。

「話す、伝える」という技術には、基本的なマナーやノウハウが必要である。

その意味で、話す能力が生まれつき身についている人は、組織を昇るときも組織を動かすときも大変有利になる。にもかかわらず大概の人は無関心で、会話術を学ぶことも訓練もしない。コミュニケーション力を身につけるため専門の学校まであるのだから、せめて関心を持って勉強ぐらいはすべきである。

さらに、「聞く」技術は話す技術より重要かもしれない。

たとえば、うなずき方一つで、信頼を得たり不信を買ったりする。**相手が信頼の気持ちを持ってくれたり好感度で迎えてくれたりする基準は、誠実に聞く耳を持っているかどうか**である。

優秀なセールスマンは必ずしも雄弁家ではなく、むしろ聞き上手の人が多いと言われている。または、相手の顔のどこを見るか、信頼を得るにはどんな仕草が有効か、味方であることをどう伝えるか、といった基本的なノウハウを知っているだけでずいぶん役立つものである。

②書く

最近はメールで伝えるので手紙を書く機会がめっきり減った。したがって、文章の書き方も勉強しないまま仕事をしている人が多い。

しかし、組織のなかで責任が重い地位につけばつくほど、企画書に始まって稟議書、プレゼンテーションと、文章を書かなければ一歩も進まない。

組織のトップに認められる条件の一つとして、文章力は大きなファクターになる。文章が上手になるためにはたくさん書くしかないが、ここで三つだけ申し上げておく。

第一に結論から書くこと、第二に簡潔であること、最後に、できるだけわかりやすく書くこと。

ビジネス文章は名文でなくとも、わかりやすいことが大切である。

③パソコン——計数感覚を身につける

ここでのパソコンの意味は、会社が弾き出す数字のことを指す。かつてはソロバンであったが、今やパソコンなくして組織は動かない。あえて言う必要もないだろうが、ワープロ機能だけでなく、表計算ソフトも合わせて使いこなせるように習得しておくことは必須である。

自分の存在を会社に認めさせたい人は、感性だけで勝負しても無理であり、客観的な数字が加わって初めて説得力を持つ。たとえば、あなたが所属している会社の基本的な業績の数字や経営指標を五本から一〇本選び、同時に過去三年間の推移を頭に入れておくとよい。同じく、自分の部署に関連した数字も五本程度覚えておこう。

これだけ記憶しておくと、対外的なプレゼンテーションはもちろんのこと、仕事に説得力が出る。聞いてみれば当たり前の数字だとしても、すらすらと言える人は皆無に等しい。他との差別化のためにぜひ身につけたい武器である。

本来、**計数感覚を鍛えることは上級管理者に必須な条件**として申し上げている。

2　仕事が遅い人の共通点

管理職になるまでは、つまり部下を持たないときは有能だと思われていたのに、昇格して部下を持つようになると途端に自信を失い、失速してしまう人がいる。

ある程度の要職につくと、いろいろな案件が次々と押しよせてくる。それまでは自分のことだけやっていればよかったので自分のペースで仕事ができたが、五人の部下を持てば五人分の責任を負うことになる。そのうえ上司からのご下問があるわけだから、誠実で神経質な人ほど焦ってしまうのだ。

あれもやらなければ、これもやらなければと時間だけが過ぎていく。そのうちに、まだかまだかと上司からせかされると、ますます焦る。仕事はまったく進まない、進まないどころかどんどん増えるばかりである。

私の知る限り、彼らはどこから手をつけてよいのかわからないために、仕事をする前に立ち往生しているケースが多い。そばで見ていると、腕を組んで難しい顔をして、ひたすら前にある仕事の山を見ているだけである。思考回路は止まり、自分で何をしているのかもわからないようだ。思わず「大丈夫かい」と声をかけたくなる。

このような生活が半年も続くとストレスがたまり、確実に鬱病の入り口に近づいている。こんな状態の部下を見たなら、上司は話を聞き、休養させたほうが本人のためであり組織のためでもある。

しかし、そうなってしまってからでは本書の意味がなくなるので、誰にでも効果があるとは言えないが、私のやっている方法を示そう。

まず、すべての案件をノートに書き出し、次に重要な順に番号をつける。

その基準は、長期間を要するか短期間でできるか、今現在の緊急度、課題の難易度、提出先は上司か部下かなど、いろいろな分類法がある。

要領の良い社員は、上司の質や社内の実力の度合いを見極めて順位を決めていく。逆にできない社員は、一番厳しく苦手な上司の仕事を後回しにして最後の最後まで引っ張る。

こんな例があった。私が部下に与えた仕事は緊急の用件ではなかったが、「今忙しいので後にしてください」と言われ、怒り心頭に発した。以後、彼に仕事を頼むことはなかった。

上司は、偉くなればなるほど部下の思いなど気にしない。自分の要求が即座に通ることが当たり前だと思っているからである。

3　目的を明確につかめば仕事は半ば成功したも同然

仕事が早い人は、「この仕事は何を目的にしているのか」をはっきりさせてから仕事にとりかかる。

ところが、上司が偉ければ偉いほど、ろくに聞きもしないで「ハイハイ、わかりました」と安請け合いをする人がいる。そうすると後になって、何が求められているのかわからなくなり、今さら聞くに聞けなくて悩む。その結果は「君、こんなことを頼んだのではないよ」「何を聞いているのかね」の一言で、次からは仕事が回ってこない恐れがある。後になって、もう少し詳しく聞いておけばよかったと悔やむが、後の祭りである。

「ハイハイ」が最も軽く聞こえる典型的な例である。

こうした場合、「私にチャンスを与えてくれたのだから、よしやるぞ！」と意気込むまではよいのだが、舞い上がらないことだ。そのうえ上司から「君にしか頼めないよ」などと言われると、「こんなことを尋ねたら能力がないと思われるのではないか」という恐怖感が先に立つが、わかったつもりで持ち帰ってはいけない。

賢い人は、勇気を出してその場で要点を押さえて確認していく。すると目的がはっきりするので的確な仕事ができる。再三再四、依頼が来るようになり、その結果、信頼が深まり、認められていく。

このようにちょっとした勇気と冷静さを持つだけで、大きな成果が確実に返ってくるものなのだ。

特に自分の将来を託そうと思う上司からのご下問があったときには、一〇〇％満足させる仕事をしなければならない。そのためには、**仕事の主旨を何度も質問して、上司が何を求めているのかを、しっかりつかむ**ことから始めてほしい。

4 「報告、連絡、相談」ができれば一流社員

報告、連絡、相談――このホウレンソウを使いこなすことができれば、組織の構成員として満点である。仕事のすべてはここから始まり、ここで終わる。

上司、さらには組織のトップに信頼される元は、このホウレンソウをＴＰＯでとらえて意識して使うことに尽きる。

自分の存在を認めてもらうためのノウハウはいろいろあるが、このホウレンソウをおろそかにすれば効果は半減どころか、どんな努力をしても皆無に等しい。それほど大切な事項である

にもかかわらず、それに気がつく人はなぜか少ない。上司に聞かれるまで報告しない、連絡を忘れる、相談もせず独断でやってしまう人がなんと多いことか。

①確実な報告は信頼される元

部下が報告すべきことは、依頼されたことが期待どおりに進んでいるかどうかである。

組織のトップリーダーにとって、何が一番気がかりかといえば、頼んだことを部下が正確にやってくれたかどうか、大事な要件だということが確かに伝わっているかどうかだ。つまり、トップリーダーは多くの仕事を抱えているので、仕事の質や量によってそれぞれの部下に振り分けている。それでも忙しいので常にその問題が頭にあるわけではないが、自分で直接やっていないだけに、はたしてどうなっているのか、わからないことがあったら相談に来るはずだが、などと、イライラがつのる。部下からその後の情報がなければ「報告がない！」と怒りたくもなる。そのうえ、たまりかねて聞いてみると、「まだできていません」「うっかり、連絡ミスです」「相談するところでした」といった答えが返ってくれば、我慢も限界である。

上司の怒りを買うのは一時だが、信頼を裏切った結果になる。

ここまで書けばおわかりのように、「もう、こいつには二度と仕事は頼まないぞ」と、あなたは上司の信頼リストから消えたのである。

与えられた仕事が、大切であればあるほど、難題であればあるほど、経過報告をおろそかにしないことだ。それが信頼を築いていく。

上司との間にこのような関係が維持されれば、「あいつは信頼できる男だ」という印象がインプットされて確かな基盤ができあがる。少しも難しいことではない。

②連絡ミスは命取り

ホウレンソウのなかでも、とかく連絡は軽く受け取られがちである。したがって連絡はうっかり忘れることが多い。

連絡ミスの恐ろしさは、外部に迷惑をかけることだ。組織内であれば何とかなるが、外部ともなれば大変な信用を失うことになる。意外にその重大さに気づかないで軽視されている。

連絡については二つの注意点がある。

一つは、連絡すること自体を忘れてしまわないことである。

特に上層部になればなるほど対外的な大切な約束事が多いだけに、連絡するのを忘れてしまうと、取引相手に大変な礼を欠くことになり、組織ぐるみで謝罪や損害賠償をしなければならなくなる場合もある。クビにこそならなくても、「あいつには任せることができない」と明確なレッテルを貼られ、幹部候補生から脱落してしまう。

とにかく大切な連絡は、やるべき仕事の第一順位に置き、何よりも早く済ませてしまうことである。

連絡の際に注意することは、「誰に」を確かめなければならない。連絡してはならない相手に話してしまったりすれば、予期しないとんでもない事件に発展してしまうことさえあるからである。

もう一つの注意点は、**正確に伝えること**である。

昔、テレビで「いかに伝達は正確に伝わらないか」という伝言ゲームがあった。一〇人を通して伝えるとすると、最後の一〇人目に至ったときには、最初の内容と正反対になっていたりする。

最後に連絡の項で大切なのは、**連絡が済んだら依頼された人に報告すること**である。ここまでできる人は少ない。少ないからこそ、認められるチャンスになる。

③相談しない人ほど仕事ができない

組織から弾かれる人を見ていると、その共通点は「相談しない」ことである。リストラ対象にされても相談する相手がいないので、無為無策のまま去っていく傾向がある。このような人は、自ら助かるための努力を放棄しているとしか思えない。相談相手もいないくらいだから、組織から弾かれる候補になるのだ。

「膝とも談合（困ったときには自分の膝でも相談相手になる）」という諺があるが、**打開策を求めて誰かに相談すれば、たいてい助かる。**

また、相談される側からすれば、助けを求められると、うれしいもの。どんなに忙しくても相談に乗ってくれるものである。そこには、人を救おうという義侠心とまでいかなくても同情心が湧き、親身になって奔走してくれる場合も多い。

もちろん相談相手は選ばなければならないが、何事にも情熱をもって真っ正面から取り組んでいる人なら間違いはない。絶対に相談相手に選んではならないのは、自己中心的な上司だ。下手をすると、首つりの足を引っ張りかねないので要注意である。

だが、相談相手がいないという人は、まったく知己がなくても、これはと思った人間に思い切って飛び込んでいくことだ。それによって問題を打開できる場合がある。

また、それほど勉強をしているとは思えない自信家が、誰にも相談しないで独断専行する例もある。たいていは的はずれだったり遅すぎたりして良い結果は得られない。まず、それぞれの分野に相談できる人を作ることが先だ。

相談には本来の相談相手がある。いくら知っていると言っても、現代のように変化の激しいときに個人の知識など高がしれている。他人よりも抜きんでたいと思ったら、素晴らしい友人や先輩を持って知恵を借りることである。この労を惜しまず、どん欲に自分の守備範囲を広げている者を見ると、「なかなか、おぬしやるな」と拍手を送りたくなる。

たくさんの相談相手を持っている人は、絶対にリストラ候補にはならない。

また、わからないことがあったら、何でも気軽に相談できるＤＮＡを持っている人は、大きな遺産をもらったことになる。ご先祖様に感謝すべきである。

5　理解することと実行することは別物である

私は顧問先で**「理解するとは実行することである」**ということを一番に強調している。
「管理職になったら、自分のポジションを自覚して責任を持て」と話しても、実際の仕事となると大方の人が無関心だ。頭のなかで理解したと思っていても、行動が伴わなければ理解していないのと同じなのである。

①理解とは、実行して初めて言えること

組織が陥りやすい錯覚の一例を紹介しよう。トップが支店長としての心得を説いて、全員が熱心にノートをとり深くうなずいたりすると、わかってくれたと思い込む。そして、これだけ

理解してくれたのだから、やってくれるだろうと信じる。しばらく経って実際の仕事の中身を見ると、支店長としての自覚がどこまであるのか首をかしげたくなるようなことが起きている。そこで初めて「ああ、まだわかっていないんだ」ということに気がつくのである。

この繰り返しが重なると、社長の繰り言である「うちの管理職は少しもわかっていない」が始まる。

理論どおりに実際に行動して、初めて理解したことが実証されるのであって、理論の段階で評価をしてはならない。

ところが現実は、理論的なことがわかれば、できたように錯覚を起こしてしまい、実行しなくても平気な会社がある。言い換えると、理解さえさせれば、実行できるものと信じて疑わない甘い組織体質である。

比較的社内教育に関心を持っている会社ほど、この傾向が強い。

ここに驚くべき数字があるのでご披露しよう。たとえば一〇〇人を対象に、あることを実行してもらおうとする。それを言葉だけで説明すると正確性を欠き、正しく伝わるのは八〇人になってしまう。そのなかで理解できるのは半数の四〇人だそうである。そのうち、実行に移す人は二割の八人であるという。

この実験では、実行する人は八%しかいないという数字が出ている。つまり、わかったつもりでも実行しなければ、理解できなかったということである。

その程度の教育でよいと錯覚しているような組織ではもつわけがない。組織構成員の意識改革が必要なのだ。

②なぜ意識改革はできないのか？

この問いに対しては、端的に「やったか、できたか」のチェックをしないからであると言いたい。

たとえば「原価意識に徹し、コスト低減に努めよう」などといった威勢のよいスローガンをよく目にするが、まず成功した例は聞かない。その理由は、抽象論のお題目の段階で勇ましい応答があれば満足してしまっているからだ。結果、現実の意識改革は実行が伴わずに失敗に終わる。

この提言そのものを理解できない者は誰一人いないだろう。組織の構成員のほうも、トップリーダーの言っていることは当然のことなのでよくわかったと思う。当然すぎて反論する理由もなく満場一致で同意する。

そこでトップリーダーは、全員に浸透したので実行されるものと思い込み、意識改革ができたと錯覚する。しかし理解と実行は別物であるから、事態は少しも改善されないまま時は過ぎていく。

ここからが本番である。どうしたらコスト意識を全員に持たせることができるのか、その実行のためにはどのようなシステムを作ればよいのかを考えなければならない。

意識改革を成功させるためには、改革の目的を理解させ、次にどうしたらできるかを考え、改革後の形を描き、組織のなかに組み込んで実行させる。

つまり、**実行しない限り、前には進めない仕組みを考える**べきなのだ。

トップリーダーは「この意識改革が失敗すれば生き残れない」といった説教や脅迫的な言動をやめて、「どうしたらできるか」という施策に力を入れ、できあがったシステムを使って習慣になるまで訓練をする。チェック体制を厳しくして「やったか、できたか」を追求する。このように、説教で終わらないで形から入り、身体で覚え習慣にしてしまえば、自然に意識が変わるのである。

この繰り返しによって積み上げた力は、組織でも個でも将来計り知れない資産となる。

6　どうしたらできるか――プラス思考のすすめ

おなじみのプラス思考のすすめであるが、私も、未熟な管理職のころは何をやっても「できそうもない」あるいは「できなかったらどうしよう」といったマイナス思考ばかりが先に立ち、いつまでも自信がなかった。そんなときは、「心に思えば、奇跡は起こる」や「願えば叶う」だとか「やればできる」といった啓蒙書など見るのもイヤであった。ところが、あるときから成功例が続き出すと、「どうしたらできるか」という思考に変わってきた。

「求めよ、さらば与えられん。尋ねよ、さらば見いださん。叩けよ、さらば開かれん」

これは新約聖書に出てくる言葉である。私の人生の座右の銘としている。

難しい課題や尻込みしたくなる場面にぶつかると、この「叩けよ、さらば開かれん」の言葉を思い出して挑戦してきた。すると不可能だと思ったことも、真剣に叩いているうちに扉が開くことを確信できるようになった。私が六五歳で独立する気になったのも「叩けば開く」の言葉を信じることができたからである。今はいささか自信過剰気味で、何をしてもできるような思いがしている。

何はともあれ、プラスの発想が自然に出るようになったら、成功者の仲間入りができる資質が備わったと思ってよい。

逆に、いつまで経っても自信がない場合は、小さな成功例を積み重ねていくしか特効薬はない。ありきたりの回答であるが、修行中の身だと思って地道に努力をすることである。

米沢藩主・上杉鷹山の名句「為せば成る　為さねば成らぬ何事も　成らぬは人の為さぬなり

けり」も同じことである。

若いころは、自分の力でできたんだと、いい気になっていた。しかし、世の中には努力しているのに浮かばれない人がたくさんいることを知り、最近では自分を助けてくれた周囲に感謝すべきだと思うようになった。

今では、経営コンサルタントを依頼されると、経営者に真っ先に「挨拶」と「どうしたらできるか」を考える習慣をつけさせることから始めている。

「前例がない」「うちでは早すぎるよ」「どうせ意見を言っても、そう簡単にはできない」「そんなに言うなら自分でやったら」「経験もないのに無理だ」「責任は誰が取るのだ」このような会話が日常化していたら気をつけなければならない。組織が崩壊する兆しだ。

個人では「難しい」「できない」といった言動が習慣になっていたら、すぐに思考回路のスイッチを切り替えなければならない。

若いうちにこんな癖がつくと、マイナス思考にとりつかれ、何をするにも消極的になってしまうからである。安全志向も良いところはあるが、考え方が消極化しマンネリ化すると斬新なアイディアやみずみずしい感覚がなくなるのはもちろんのこと、問題意識も責任感も欠けてくる。

組織に弾かれるのはこんな人である。この病気は治りにくいので難儀であるが、どんな課題に対しても先に挙げた否定語を吐かないことだ。

ここで、私がやっている「意識を変える方法」を紹介しよう。

まず、プラスとマイナス両方の事項を並べてみる。

次に、「どうしたらできるか」を声に出して言葉にする。

具体的に言おう。特に初めての試みでは不可能に近いことが一〇のうち三つぐらいはあるものだが、三つやれる要件があったら積極的に取り組んでみる。そして残りの四つは意識次第でどちらにもなるものだから、「どうしたらできるか」という積極的な姿勢で臨めば、七つができる項目に変わる。ここまで来れば「やってみよう」ということになり、ぐんと目標に近づく。

私はこの手順を使って訓練しているうちに、いつの間にか「どうしたらできるか」が口癖になってしまった。

それからは成功の確率がぐんと増し、成果が積み重なっていくのが意識してわかるようになった。

最後に、ある程度考えがまとまったら、それ以上の心配事は考えないで、一歩踏み出すことが大切である。ローマの将軍・カエサルのように、後ろを振り向かないでルビコン川を渡るのだ。

たいていの人はここで足踏みをしてしまい、時間をかければかけるほど、せっかく決めた肯定的結論もスイッチバックしてしまうからだ。

成功者はひとたび断を下したら悪い結果を考えない。下手の考え休むに似たり、である。

2 チャンスは平等に来るが見えないだけだ

運の良い人、悪い人、要領の良い人、要領の悪い人、真面目な人、不真面目な人と数え上げたらきりがないが、いずれにしてもチャンスはその人なりに平等にやってくる。

もちろんチャンスの大小や質の良し悪しはあるが、その人の持っている身の丈にあった好機が誰にでも到来する。

アメリカの鉄鋼王・カーネギーは「誰も良い機会に会わぬ者はない。ただとらえられなかっただけだ」と言ったし、中国の思想家・列子は「時を得る者は昌《さか》え、時を失う者は亡ぶ」と言った。いずれも、組織の構成員たる者は心すべき言葉である。

1 チャンスをつかむ人と逃す人の差

「チャンスが来た！」とわかるかどうかが問題である。

たいていの人はチャンスが通り過ぎていくのをみすみす逃している。後になって「あのとき、ああすればよかった」と臍《ほぞ》をかむ。それでもチャンスを失ったことがわかれば、次の機会を待つこともできる。

だがその後も無意識に過ごしているので、「オレはついていない」とか「何とかならないものか」と嘆いたり、「あいつは運がいいよ」と人を妬んだりする。

チャンスをものにするには、持って生まれた素質や環境にもよるが、**日頃の過ごし方によってつかむ回数がまったく違ってくる。**長い人生のなかで、この差は計り知れないほど大きい。そのため、「チャンスのつかみ方」についてもっと関心を持つべきだと思う。

2 アクシデントも平等にやってくる

良いチャンスばかりではなく、アクシデントもやってくる。それも、誰にでもやってくる厄介な代物である。

上層部になればなるほど、チャンスのスケールは大きくなるが、危険の度合いも比例して大きくなるので、常日頃から感性を磨く努力をしなければならない。気配り目配りすることによって、危機に対する暗示や勘はかなり鋭くなる。そして危機管理を意識して対処すれば、回避できる確率もぐんと増すことになる。

キーワードは、何事からも逃げないことだ。逃げさえしなければ、その分チャンスは大きくなるし、アクシデントは軽微で済む。

3　何事も逃げずに真剣に取り組むこと

「今がチャンスだ！」と一瞬にしてひらめくようになるには、日常の思考の習慣や生き方が影響する。

まず第一に、仕事や課題に対して、寝ても覚めても考えるぐらいに真剣に取り組んでいることが条件になる。逃げていたらチャンスなど来るはずがないからである。たとえば病院の待合室などで順番を待っている間、何気なくパラパラと週刊誌をめくっていると、仕事のヒントになる記事が突然目に飛び込んできたという経験は誰でもあるだろう。

日頃は関係がないのでやり過ごしていたものなのにアンテナに引っかかって脳のどこかに信号をピカピカと送ってくる。この感覚をいつでもどこでも持てるようになると、より良い仕事ができるようになる。

「問題意識を持て」というのは管理職教育の定番だが、まったく問題意識を感じていない人がいる。そこにゴミが落ちているのが見えるのに、平気でやり過ごしてしまう。こうした、ハナから問題意識がない人は管理職失格の烙印を押されて当然だ。その勘所を会得するには教育や説教では無理であり、愚直に自ら見いだすしかない。

チャンスをつかむ確率は、真剣さと意欲の度合いに比例するのではないだろうか。ここでも感性を磨くことが要求される。

4 チャンスは「扉を叩く人」に多く来る

チャンスが来る回数が多いか少ないかは、人生に対して前向きな思考か、果報は寝て待て式の思考かで違ってくる。先にも触れたが、「叩けよ、さらば開かれん」である。私の長い人生経験から、これだけは確信を持って言える。

たとえば、組織に突発的なことが起き、皆が浮き足立っているときこそチャンスである。慌てずに自分が今まで培ってきたあらゆる英知を結集して、勇気を持って立ち向かえば、一躍認められるようになる。

ただし、あまり計算ばかりしていても、そのとおりには展開しないケースもある。**誰が見ても不利な状況のときには自ら飛び込んでみることも必要だ。**損することを恐れていては得は取れない。

思い切って、たまには危ない橋を渡ることによって、チャンスをつかむこともある。

もちろん、このように断定できるのは、私の人生では努力すれば必ずそれだけの成果があったからかもしれない。努力しても誠意を尽くしても報われないまま一生を送る人も多いことは知っているが、それでもこの言葉は真実だと思っている。

5　チャンスはいつでもどこでもある

ここでは、組織のトップに自分の存在を知ってもらうため、チャンスを逃さずに利用する一例を述べる。

支店勤めなどをしていると社長に会う機会は滅多にない。私も支店勤務が長かったので、自分の働きを認めてもらうためには本社に引き上げてもらうほかないと思っていた。

そこで、日頃考えていた意見書をまとめて社長が来るたびに上申したり、自分の存在を知ってもらうために意識的に話す機会を作った。一番成功した例は酒席であった。営業であるから接待はお手の物だ。社長の好みに合わせて食事処を決め、二次会も社長の好みや感性を推し量って店を選び、腕によりをかけて誠心誠意頑張った。

どんな人でも本社から離れて支店や事業所に来ると気がほっとゆるむもので、気の利いたもてなしをされると心に響き、印象深いものだ。逆にまったく気配りしないで自分の行きつけの店に上司を案内する社員がいるが、トップに座る人間は部下からの遇され方で己の存在感を計ったりするので、自尊心を傷つけられて一瞬で席を立ってしまう。こうなれば、もう二度とお呼びはかからないと思ってよい。

組織のトップになるような人物は、部下の力量を仕事以外の場所でも推し量っており、酒席は最も重要な場である。夜の部の評価で、肝心の仕事の評価までされてしまう。

酒席では、肩肘を張らず気軽に自分の人生観や、会社の問題点あるいは改革案などを話すことができるので、私は自分の考えを披露することによって社長の信頼を得ていった。そのうちに社長の夜の食事のお供は支店長を飛び越えて私が指名されるようになり、やがて念願の本社に呼ばれ、目的を果たした。

トップリーダーたちは目のつけ所が違うので、意識的にせよ無意識的にせよ、遊びのなかにも人材を見いだすことができるのである。また、そのくらいの気配りができなければ組織のリーダーを任せるわけにはいかないことも事実だ。

たかが仕事の外だと高をくくり、ここを軽視して礼を失すると、仕事以上に直接的なインパクトを与えるため悪印象を持たれて、思わぬ失点になりかねない。気を入れて対応すべきである。「茶坊主などやっていられるか」と馬鹿にする人がいるが、自分を発掘してもらえる場だと思えば、絶好のチャンスに変わるのである。

このように、**チャンスを活かすか活かせないかは紙一重**なのである。

6　休むも相場

さて、突撃ばかりの勇ましい話が続いたが、ただ突き進むだけの人には意外な陥穽《かんせい》（落とし穴）が待っている。時には止まることを覚えるのも大切である。

株の世界に「休むも相場」という言葉があるように、連戦連勝のときには勢いを止めないで突っ走らなければいけないが、流れが変わったなと思ったときやスランプから抜けられないときは、焦らないで間を置くことも大切である。

渦中にいるとなかなかわからないが、ちょっと後ろに下がって**冷静に判断すれば解決のヒントが見えてくる。**

自己を確立してくると、運命のリズムや流れが見えるようになる。時と場合によっては、そのリズムを変えることも不可能ではない。

第三章

処世術を身につけよう

人間関係をうまくこなせる人が勝つ！

1 ちょっとした気配りの積み重ねが大切

処世とは、世の中を渡ることである。だから渡世とも言う。

処世術とは、どうしたら世の中とうまく付き合えるか、あるいは、どうしたらうまく生きられるか、そのためのノウハウとも言える。

この「うまく」が嫌いであったり軽蔑したりする人がいるが、そのような人は自分一人で生きていく自信があることが前提になる。

まず、皆さんにこんな強い生き方ができるかどうかを尋ねたい。

とてもムリだと思う方々は処世術を軽蔑してはならない。

同等の能力を持った二人が競った場合、当然処世術の大切さや勘所を心得ているほうが選ばれる。

処世術は単なる潤滑油ではなく、心の琴線に触れ信頼の共有に至るまで奥の深いものであって、軽々に扱えるものではない。また上級の選抜になればなるほど、仕事の出来不出来だけで判断しないのは、もう一つの選択肢があるからである。

処世術は重いものなのだ。

1　人間の持つ弱点を衝く

①人間はおだてに弱い動物である

どんなに気むずかしい人でも、ほめられたり、称えられたりすれば悪い気はしない。確かに犬でも喜ばせればすり寄ってくるし、「豚もおだてりゃ木に登る」とも言われる。これ以上説明がいらない言葉である。

ただ一つ注意点は、おだてるほうは照れないことである。照れると真実味が失われ、相手は文字どおり「おだてられた」と受け取ってしまい逆効果になる。

②ゴマすりは人間関係の潤滑油

ゴマすりとは、他人の機嫌をとって、自分の利益を図ることである。

人間関係の潤滑油のようなもので、ゴマすりがまったくなかったら、絶え間なく小競り合いが続き、収拾がつかないだろう。まことにわかりやすくて、私の好きな言葉である。しかし、理屈っぽい人や自己中心の人、聖人ぶっている人、すねている人、ちょっと軌道から外れだした人などは、ゴマすりを露骨に非難しがちである。

多くの人たちは自分を「ゴマすり野郎」ではないと思っているが、意識しないだけで、日常かなり使っているツールである。

使い方は、卑屈にならないように陽気にすることだ。

陽気に振る舞うことによって、ゴマをすられている相手は素直に受け取ることができ、潤滑油に変わるからである。何事も相手の心情を察して行動しなければ効果がない。

③義理を欠かない、人情の機微、仁義へのこだわり

人間は感情の動物である。どんなに冷血な人であっても情感で迫られると反応する。

理屈や理論だけで仕事をしようとする人がいるが、大きな仕事はできない。なぜなら、そういう人は肝心の組織力を活かすことができないため、総じて「労多くして功少なし」で終わる。組織は人間の集まりなので、皆の気持ちがバラバラであれば、組織力は機能しないからだ。

処世術のなかで人間操縦法がトップを占める理由である。なかでも気配りは、人間を操縦するうえで欠くことのできない条件である。したがって、組織を昇りたい人はこのことを素直に受け入れなければならない。

ものわかりの良い人や相性の良い者とばかり付き合っていると、ちょっと近づきにくい人に会うと逃げ腰になってしまうので、時には気むずかしくて苦手な人にも近づいて、気配りを学習するしかない。この際、感性が大きな力になるので磨いてほしい。

④「あなたのために」と言われたら

一番の殺し文句である。芝居などで「親分のためなら命を差し出す覚悟はできています」などといった台詞を聞くことができる。

会社の酒席などで部下が酔ったふりをして、この言葉をささやくときには注意したい。確かに上司を助けて頑張る意味もあるが、たいていはその裏に「自分のために」という共存の力学が働いている。両者持ちつ持たれつで別に悪いことはないが、言葉を真に受けて部下に最恵国待遇を与えたりすると期待を裏切られる場合もあるので、即応しないで様子を見たい。本当に始末が悪い部下は、表面上はさも補佐役の仕事をしているが本心は別のところにあるものである。

なにしろ自分の一番近いところにいるということは、何もかも知られていることであり、部下と一心同体であればあるほど、時には距離をおいて冷静に見ることも必要である。

2　将を射んとする者はまず馬を射よ

誰でもご存じの諺なので説明はいらないと思うが、目的の物をうまく手に入れるためには急がずにその周囲の者を手なずけてから、おもむろに目標に向かったほうが効果があるという意味である。

確かに、組織のなかで一足飛びにトップに近づくことは現実的ではない。

当時、一介の草履取りの身分であった藤吉郎（秀吉）は、信長と直接話すことは許されなかっただろう。そこで、馬ならぬ草履で認められるきっかけを作ったわけである。

とかく野心家や自信家は、将棋で言えば桂馬の駒のように、直属の上司など無視して先ばかりに目がいきがちだが、歩に過ぎないと思っていた上司に足をすくわれて、途中で落伍してしまうかもしれない。

本社への抜擢人事などは、有力者が組織のトップに推薦してくれなければ滅多にない。万が一、本社の人事に見いだされたとしても、直属の上司がノーと言えば浮かばれない。そう考えると、まず一番身近な上司に認められなかったら話にならないことになる。

総じて言えることは、頭角を現す者は若いときから節目節目で援護してくれる上司にめぐり会っている。逆に上司の目で見ると、どんなときでも無視できない資質を持った部下なのかもしれない。また、そのくらいの魅力を持っていなければ、組織の頂点にまで昇りつめられない。

そこで大望を抱く人には、大将の「馬」を大切にしたほうがよいと、あえて言いたい。直接、大将に認めてもらうよりも、馬から紹介してもらったほうがはるかにたやすいからである。また、さもないとゴールに行き着く間に馬に蹴飛ばされてしまうかもしれない。そうなったら大将との距離はますます遠くなるばかりだ。

3　上ばかり見ないで部下を育てる力を持て

とかく上昇志向の人は、上ばかり見て仕事をしがちである。部下は、このような底の浅い上司の資質を見抜くと、モチベーションが半減する。

リーダーの資質の第一は、「上五分、下五分」の気配りができることである。部下の担ぐ御輿の上に乗れれば回り道しないで進むことができるので、片寄らないようにときどき振り返ってコントロールすることが必要である。

組織のなかでは部下の働きによってリーダーの力量が評価される。これを知れば、部下に対してもっと多くのエネルギーを費やしてもよいと思うが、これに気づかない人が多い。

とかくエリートと称される人は出世が速いから、人の下で地道に辛抱強く頑張ることは苦手である。だから、部下の気持ちがわからない。

また、リーダーの条件として統率力が挙げられるが、この「統率」という言葉をはき違え、部下の思惑など無視して自分流に推し進めることだと錯覚している人がいる。

このように、部下の心がつかめないために、組織が思うように動かず成果が出ないまま失脚するリーダーも多い。

①優秀な部下が二割いれば良しとする

「馬鹿とハサミは使いよう」という言葉がある。これは極端としても、どんな部下とめぐり会っても縁だと思い、部下の優れたところを見つけて伸ばすしかない。嘆いたところで「部下の質が悪いので業績は上がりません」では組織のトップは許してくれない。

江戸時代、寛政の改革を行った松平定信は「半分良いところがあれば、大変優秀な人物としなければならない。全体の一割や二割、見所があれば及第である」と言っている。

「うちには人材がいない」と嘆いていた方々はこの話を聞いて、「あの徳川家でさえも」と、ホッとされるのではないだろうか。

管理職の職務は主に三つあるが、一つは業績を上げること、二つには組織の改革改善であり、三つ目は人材の育成である。そこで、気がついたことを次に挙げる。特に人材育成の勘所については、部下に対する教えでもその手法や考え方は同じことである。

②部下を掌握するには土地柄まで考慮する

部下を掌握するには、個々人の性格だけでなく、そこの土地柄まで注意深く観察しながら自分の支配下に置くことが大切である。全国あるいは全世界に展開している会社などで特に言えることだが、土地柄、国柄を無視しては労が多いだけである。

一方で、営業マンなどはよく「この地は排他的でなかなか入り込めない、だから売れない」などと弁解したり、言い訳の材料にしたりする。そんなときには私は「だから、どうした」と言って聞き入れなかった。世界中どこでも物の売り買いはしているのだ。

③部下を好き嫌いで判断しない

人間は感情の動物であるから、上司といえども、好き嫌いの感情をむき出しにしがちである。そうすると、部下は上辺では従っても本性を隠してしまい心服しないものだ。

部下の扱いで特に注意したいことは、感情的に嫌った場合には確実にあなたも嫌われることになるので、人材難の折りからもここは気持ちを抑えてできるだけ感情で処理しないように心がけることである。好き嫌いは致し方がないので腹のなかに収めて表に出さないことが懐の深いリーダーと言える。

大変な修行の一つであるが、より大きな組織を統括するためには通らなければならない関門である。

④部下を叱る

叱る目的は、皆に自分の権威をわからせるため、再発防止ための一罰百戒の意味、そして本人のためを思って教育的指導をするときの三つがある。

後で考えてみると、腹が立って感情的に怒ってしまう場合が多い。また、怒りが爆発するときはたいてい冷静さを欠いているので、満座で一人を叱ってしまうこともある。部下を持ったら、そうしたことがないようにこの三つを使い分けなければならない。

叱る側は、伸るか反るかの大事件以外は、怒鳴っているほどには深刻に怒ってはいないものだ。したがって、相手が大嫌いなときを除き、怒りが怒りを呼んで増幅したり、いつまでも腹が立つ例は少ない。だから組織はもつのであって、いちいち本気で怒っていたのでは組織が崩壊してしまう。

もう一つ、叱る側と叱られる側の受け止め方の違いがある。

上司は仕事の仕方や結果に対して叱っているのであって、人間性にまで怒っているわけではない。ところが叱られる側になると「なんでオレだけが」とか「何も皆の前で、あそこまで」と個人的な恨みに思うものである。

それだけに、上司はどこかに逃げ道をつくってやらないと「窮鼠猫を噛む」で、部下から思ってもみない反撃を食らうことがあるので注意しなければならない。叱りながらも、ネズミに噛まれないように、この諺を抑止力にして調節することが大切である。

⑤部下をほめる

私の経験では、叱っても怒っても学習能力のない部下に対しては、逆に良いところを見つけてほめてやると、前よりも生産性が三倍上がる。

よく考えてみれば、自分の弱点や性格は簡単に変えられるものではなく、自分でもわかっているけれど直らないケースが多い。弱点を指摘されて追い込まれても自信を失うだけである。

しかし、誰でも優れているところや自信を持っているものはある。この点をほめられると「ボスは理解してくれているんだ」とばかり、期待に応えようとして頑張るから生産性は上がってくる。

人は認められると十二分の力を発揮するので、一度試してみる価値はある。今までマイナスの部下がプラスの戦力になるのだから、その差は想像以上の成果が期待できる。

⑥部下を鍛える一例

部下に課題を与えるときには期日を提示するが、問題はその決め方である。

たいていの人は、本当は四日でやってもらいたいとすると、部下の現在の仕事量を計り、余裕をもって一週間を与える。だが私のやり方は、一日少なくして三日の期限とする。酷であることは百も承知であるが、あえて多少無理だと思われる期限をつけるのである。

結果は、余裕を与えるよりも、期限をぎりぎりに切ったほうが優れた仕事が返ってくる。人間は横着なもので、時間があれば後回しにして、結局は締め切りの一日前からやり出す。逆に期限がなければ、すでに追い込まれているので、大げさに言えば寝ても覚めても頭に課題がある。それだけ集中して考えるので、良いものが上がる。

余裕を与えれば与えるほど、満足のいくものができない。

4 遊びは人間を大きくもし、堕落もさせる

「遊び」といっても幅が相当に広いが、ここでは主に酒席について触れることにする。

酒を取り上げた理由は、会社以外で職場の人間関係が介在するのは酒場であるし、仕事で取引先をもてなすときも酒場である。

私は営業の経験が長かったので若いときから接待の機会が多かった。接待の場所は、主に東京の銀座や大阪の北新地といった一流のもてなしの場であった。昼間は会社で仕事を覚え、夜は酒場で人間関係を教えてもらったと言っても過言ではない。大げさに言えば、酒場で人生を学んだと言ってもよい。

酒場は、酒を売っているのではなく、サービス（もてなしの心）を売っているのである。原価一〇〇円程度の水割り一杯を千円以上で売るのだから、これほどの付加価値のある商売もないが、一方で客は気分で来たり来なかったりする。それだけに、酒場の経営ほど難しい業種はないと言える。その世界でオーナーママとして一五年以上も店を維持している人は、昼間の組織でも十分、一流のトップリーダーになる資格があると思っている。

もてなしの心に対して、いかに努力をするか、その気配りのすごさ、気まぐれな客をいかにリピーターに仕立てていくか、私は遊びながら学ばせてもらった。高じて、『ナイトクラブの経営に見る究極のサービス』と題して、星雲社から出版した経緯がある。ここにその極意をまとめる。次に挙げる「遊び」の言葉は、「酒席あるいはお酒」と置き換えて考えていただきたい。

①遊びのなかに仕事と同等の価値がある――遊びの価値を知らない人は遊ぶ資格なし
②遊びのなかに人生の陥穽がある――油断するな
③遊びは人生哲学を教えてくれる宝庫である――学ぶ心を持つ
④遊びのなかに真の自分が出る
⑤遊びのなかに他人が見える
⑥事情が許す限り一流に接する
⑦異性関係は、出会いによって幸不幸の差が大きくなる

5 感謝を形で表す

最近特に感じることであるが、感謝する人が少なくなったように思う。心の内では感謝の気持ちを持っているのだろうが、表に出す人にはあまり出会わない。

人の好意に対して心から感謝をすることは、単なる儀礼ではなく、人間として持っていなければならない常識である。この最低の常識に欠ける者は、組織を昇る資格がないどころか、組織に弾かれる確率が高い。

まず気軽に「ありがとう」と口に出せる人間でありたい。

会社が催した暑気払いの宴席であっても、翌朝、上司に「ありがとうございました」と言う人と知らん顔をしている人では、受け取る側の意識がまるで違ってくる。

まして上司に個人的に連れていってもらった飲食など、たとえ会社の金で払ったとしても丁重に礼を言うのがよい。「会社の金じゃないか、自分で払ったような顔をするな」と心の内で思って、知らん顔をしている人がいるが、私は賛成できない。会社のリーダーであるからこそ、会社の金を使う権限を持っているのであって、あなたにはできないからである。

上司によっては、仕事のうえで教えてやったり助けてやったりすることでも、部下の喜ぶ顔や感謝されることを期待している人がいる。このような思いを持っている上司に対して礼一つしなかったとすると、そのインパクトはかなり強く残り、予想外の形で返ってくるだろう。

組織のトップに昇れば昇るほど、その人選方法は人間臭くなり、いろいろな要素を織り成して決定されていく。「あんな人が役員だなんて」とか「あの人がなれなかったなんて」といった感想はどこの組織でも聞くことができる。

人選のファクターのなかには「感謝の気持ちを上手に出せるかどうか」もあると思う。

私の経験から言えば、ある部下にちょっとした気遣いをしたところ、お世辞にも上手とは言えない毛筆で巻紙に書かれた心に残る手紙をもらったことがある。以後、陰になり日向になり彼を支援した。語弊があるが、手紙一本で大きな資産を作った例である。こんな例もある。私の三〇年前の部下であるが、いまだに盆暮れ欠かさず贈り物をしてくれる人がいる。最近では感動すら覚えて、私も返礼するようになった。

贈り物は、お世話になった人への感謝の気持ちを表したり、恩恵にあずかるための手段であったり、今後のより良い関係のための潤滑油であったりする。なかでもお中元やお歳暮は、一年を通してあるいは半年をまとめて感謝の気持ちを表す日本人の知恵である。あまり堅苦しく考えず、日頃の感謝の気持ちを込めて贈ることは決して悪いことではない。

偉くなると贈答品が処分できないくらい送られてくる。あまりの数に贈り主をいちいち覚えていないように思うが、来なくなると不思議に「今年は〇〇から来ないな」とわかるものである。

人間は潜在意識のなかで、「彼は感謝してくれている」あるいは「オレが面倒を見ていることをわかってくれた」という喜びを感じているものだ。

このような感情が動くということは裏を返せば、「あんなに目をかけてやっているのに一片の感謝の気持ちもない」と思うと、今後のさじ加減が変わってくるかもしれない。

感謝の気持ちを小さな形で表すことは、組織を昇ろうとしている人にとって、欠くことができない大切なことである。

2 処世術を軽視するな――処世訓一四例

人はちょっとした処し方で、良くも悪くも受け取られる。ちょっとしたことをちょっとばかり気配りすることが、処世術なのかもしれない。

ここに昔から伝えられる言葉や諺、自身の体験など、ごく日常的な振る舞いのなかから私なりの処世訓を記してみた。

①些細な問題は取り繕えても、大きな問題はできるだけ人に相談したほうがよい。

②自分で消極的だと思ったら、意識して大きな声で話すようにすれば、性格も変わるし周囲の人も集まってくる。こんな小さなことで自分の世界を変えることができる。

③小さな物差しで正確に測ろうとすれば誤差は大きくなる。利益計画を立てるときに、細かい積み上げ方式で行うと結果的に大きな狂いが生じる。これが「木を見て森を見ない」タイプである。

④敵対関係にある人とは関わり合いを避け、相手の自滅を待て。とかく相手が気になって仕方がなく「寝た子を起こす」ような羽目になると、心を悩ましただけ損をする。

⑤組織の上層部になるほど、すべてを真っ正面から受け止めずに「柳に風」と受け流すコツを学びたい。そうすれば余裕が生まれ、見えないものまで見えるようになる。

⑥屏風は曲がらなければ立たない。対人関係は、相手にいかに合わせていくかに尽きる。相手に合わせながら自分の主張を理解させていくのである。このような基本的なことを知っていると余裕ができ、その場の空気が読めるようになる。

⑦「浅き川も深く渡れ」――浅い川だからといって安心しないで、深い川を渡るように注意しろという意味の、皆虚《かいきょ》（江戸時代前期の僧であり俳人）の言葉である。いくら社長の覚えがめでたいとしても不遜にしていると、とんでもない怒りを買うことがある。

⑧湯沸かし場やトイレの噂話に気をつけろ。私は顧問先の人間関係を短時間でつかむ方法として女子社員に聞くことにしている。女性は直感力に優れているので、かなり本質を見極める力を持っている。自分自身が組織のなかでどの位置にいるのか、トップの人脈のなかでどこに入っていると思われているのか、自分を客観的に判断することは大切である。

⑨組織のなかで善悪ともに強いことが本当の強さである。強くなるためにはその両方を知らなければならない。組織のトップになれば、悪も受け入れざるをえないときもある。

⑩同じ失敗をしても上司から叱られやすい人と叱られにくい人がいる。叱られないためには、確かな理由はないが強いて言えば、上司に恐れられているかどうかで決まるように思う。畏

敬の念とまではいかないが、叱られにくいオーラが流れていることは、組織を昇るにあたり大切な資質であると言ってよい。

⑪自分に美徳がないと思ったら持っている振りをせよ。そのうちに本物の美徳の持ち主になる。借り物であっても気にすることはない。何事も物まねから入るがよい。

⑫酒席は人生哲学を教えてくれる。誰でも酔ったときには本性が出る。こんなときこそ日頃のイメージを変えて違った自分をアピールするもよい。

⑬たとえ風見鶏と言われても時流に乗れ。時流とは、そのときの社風や権力者の傾向である。

⑭小銭は切らさないように。心配りが足りなければ人に好かれない。

第四章

偉くなる人の自己啓発

品格を磨いて組織に認めさせる法！

1 自分を磨く

1 有能な社員である前に、常識豊かな社会人を目指せ

最近の日本人は、若い人に限らず五〇代六〇代のかなり社会的に地位の高い人たちでも、礼儀をわきまえない人が多い。手紙を出しても電話一本かけてこない、助けてあげても「ありがとう」一つ言わない人たちがやたら目につき、気になって仕方がない。そんなときは相手が誰であろうとその場で直接正すことにしているが、諭しても理解できない者が多くなった。

ともかく、こうやたらに礼儀を知らない輩が多くなったので、読者には逆に若いうちに礼儀作法を身につけることによって他との差別化を図ることをおすすめしたい。

以前なら、手紙を受け取ったらすぐ返事を出すなど当たり前のことだった。しかし、返事が来るほうが珍しい時代になると、こんな当たり前のことでも稀少価値が出てくる。そこで、これはと思う上司には手紙を書くなど徹底的に礼儀をもって仕えれば、かなりの確率で認めても

らえるだろう。ただし、下心が見え見えの慇懃無礼は逆効果になる。

今の世の中、礼儀を身につけていればそれだけで信頼されるので、組織から弾かれる確率も少なくなる。防衛の意味で、礼儀は最小限の武器の役目を果たす。心がけ次第で誰でも習得できるので、うっかり軽視していた人は思い出してほしい。それにしても最近の日本人は、このようなことを話さなければならないほど、礼を欠く国民になってしまった。

2　挨拶に始まり、挨拶に終わる

私は、経営コンサルタントになってから「当たり前のことが当たり前にできれば、必ず最強の会社になる」を指導理念にしている。

言い換えると、社員がろくに挨拶もできない会社では、難しい戦略や戦術を考えてもムダであると思っている。なぜなら、この「ろくに」の意味は「十分に」ということであるから、全社あるいは全支店、全工場の社員がそろって挨拶ができるには相当な努力や訓練やリーダーシップが必要となる。

つまり、いざやってみると意外に挨拶を全社員に浸透させることは難しく、時間と忍耐が必要なことがわかる。あまりに当たり前すぎるので意識してやらないからである。

それでは皆がそろって挨拶をするようになるのは難しいとしても、個人としてとらえれば挨拶ぐらいたいていの人はできるだろうと思いたい。ところが驚くほど、できないのが現実である。こちらから挨拶しても返礼がなかったり、昇格のお祝いの手紙を出しても返事すら返さない人もいる。会社はどんな尺度で役員にしたのか疑いたくなるほどひどい。

江戸時代の武士は、礼を失すれば命がないくらい重く受け止めていた。徒《かち》で歩いている武士は、馬上の武士を見ると陰に隠れて通りすぎるのを待っていたという。相手にわざわざ馬から降りて挨拶させるのも大変だと察しての行為だそうだ。今の日本ではこのような奥ゆかしさはどこにも見あたらない。

最小の社会組織は家族である。人間として家族の絆は最も強いはずであるが、今やその家族が崩壊する恐れが出てきた。挨拶一つしないバラバラな家族が多いと聞く。

私は講演でよく「ふれあい」の話をする。その際、まず朝起きたら「おはよう」、会社や学校へ行くときは「行ってきます」、帰ってきたときは「ただいま」、食事をいただくときは「いただきます」「ごちそうさま」、寝るときは「おやすみ」、その他「ありがとう」「すみません」の八つの言葉をお互いにかけあうことから始めようと呼びかけている。

この八つの挨拶ができるなら、家庭崩壊などということは絶対にありえないからである。

震災後、やたらに流れるようになったＡＣジャパンのＣＭソングが、私の言いたいことを代弁してくれている。

話の最後に必ず付け加えるのは、父親から「おはよう」と挨拶をしようということだ。父親が「おまえは、なぜオレに挨拶をしないのだ？」と言って怒鳴るから子供が反発する。家族であるからこそお互いに甘えがあってなかなか簡単には挨拶できないが、先に挨拶されると逃げられないだけに応じざるをえない。家族がバラバラな家庭の子ほど素直に聞くはずがないのである。

会社もまったく同じことであり、崩壊していくような会社の社員は挨拶ができないし、社員が挨拶できる会社は外部要因以外には崩壊することはない。

さらにこれは組織を構成している個人にも言えることで、挨拶や身だしなみがしっかりしていれば、それだけで組織に弾かれるようなことはない。挨拶の持つ力は、あなたが想像する以上に力がある。

死と隣り合わせの軍隊や組織に絶対服従の暴力団が徹底的に挨拶から入るのを見ても、この言葉はうなずけるだろう。

3 素直さが伸びる元

上司から課題を与えられたら、難しいと思っても、その場ですぐに「できない」と言わないこと。とかく一言多い人は、言われた瞬間に「やったことがない」「そう簡単には」といったマイナス思考の言葉が出やすい。

このような部下に会うと、やり手の上司でなくとも「小うるさい。やってみてから言え。もう二度と頼みたくない」となる。

どんなに優位な立場にあっても、ものを頼むときはちょっとは考えるものだ。前に不愉快な経験をすると拒否反応が起こり、その部下を遠ざける結果になる。

ベストの答えは、気持ちよくストレートに「わかりました」ないしは「ハイ」である。

ところがこの「ハイ」の返事も度が過ぎると逆効果になるので気をつけたい。

私は上司に呼ばれて特命事項を申し渡されたとき、自分に命じてくれた喜びと、問題そのものが思ったより簡単なこともあって、安易な気持ちで「ハイハイ」と明るく返事をした。とたん、「君、返事は一度だけにしたまえ」と一喝されたことがあった。

その後、ハイハイを連発する部下が現れたとき、確かにいかにも安く感じられて信頼できないと思った。それからは部下に対して「返事は一度だけにしたまえ」と叱ることにしている。些細なことだが人間は繊細な動物であって、仕事には直接関係がなくても「蟻の一穴」から疎んじられることがある。

とにかく「ハイ」という言葉には、すがすがしさを覚え好感を持つ。すべてに言えることだが、「素直」に受け入れられることが、人間として成長する最も大切な資質だ。しかし、「返事ばかりで何をぐずぐずしているのだ！」と怒鳴られないようにしたい。

4　感性は若いときから磨け

感性については第一章で述べたが、必ずしも偉い人だけに必要なものではなく、新入社員であろうと中堅であろうと、常に磨くことによって優れた仕事ができるようになる。その差は一〇年もすれば格段に開き、追いつけない。

感性が働くと、次のような現象が起こる。

- 一般の人が聞こえないことが聞こえるようになる。
- 一般の人が見えないものが見えるようになる。
- 一般の人が感じないＴＰＯがわかるようになる。

・一般の人が感じないことがひらめくようになる。
しかし、感性の必要性、感性の持つ力を知らなければ猫に小判である。先に触れたように感性は生まれつきの素質もあるが、感性の持つ力を正しく認識して、磨く努力をすれば必ず身についてくる。

感性を磨こうと思う気持ちになるだけで、物の見方や味わい方、あるいは接し方、興味や関心事が違ってくる。

自分を大きくする学費だと割り切り、何事にも興味や関心を持って見る、食べる、遊ぶ、要するに「る、る、ぶ」することをおすすめしたい。

感性の磨き方は人それぞれだが、私が意識して努力してきた例をいくつか挙げておく。

①百貨店めぐりのすすめ

百貨店への買い物は奥さんの付き合いぐらいに思っている人もいるだろうが、「感性を磨くために」となると、百貨店は時代の変遷を読み取るうえでの先生になる。

百貨店は、客のニーズを先取りし、時には時代の流れを創り出す力さえも発信する。たとえば地下の食品売り場から屋上の植木市まで、エスカレーターやエレベーターではなく、一階ごとに歩いて観察しながら回るのだ。

どんな商品に客は群がっているのか、男か女か年齢は低いか高いか、そしてなぜ、どうしてなのかといったふうに見ながら全館を回れば、それだけで世の中の移り変わりがわかってくる。常に好奇心と疑問を持ちながら見て歩くことが感性を養うことになる。

奥さんが買い物をしている間に百貨店内を見て歩き、その後、美術画廊で待ち合わせて個展を鑑賞し、上階で老舗のグルメを味わったら一石二鳥である。

「せっかくの休日だから休ませてくれよ」などと迷惑顔をしないで、奥さんに誘われたら喜んで百貨店へ足を運ぶことをおすすめする。

②映画館や劇場へ出かけよう

映画や演劇、音楽や絵画、落語や漫才を、観たり聴いたり鑑賞することは、五感を刺激するので感性を養うのに最適である。

しかしテレビなどで用を済ませないで、新聞などから話題の情報を見つけて、わざわざ歩いて見に行くことをすすめる。地方在住であったら東京や大阪へ出てくるだけのファイトと好奇心が感性を養う決め手になるのである。

それぞれの情感に浸りながら、帰りに本屋をのぞいたり、好きなものを食べたりすれば、明日への英気がみなぎってくる。くよくよしていたことが馬鹿馬鹿しくなり、懸案事項がふっと解けたりするのはこんなときである。

日本将棋連盟の会長である米長邦雄永世棋聖も同じ主旨のことを言っている。江戸時代の棋譜を知りたいとき、伸びる人、強くなる人は無料のインターネットなどでなく、将棋連盟まで来て、原本を一枚二〇円でコピーしていく。つまり居ながらにしてではなく、わざわざ足を運ぶ感性が大切なのだ、と。

③本屋をのぞこう

ここでは本好きな人に説教する意味はないので、嫌いな人を対象に触れてみたい。

本は知識の宝庫だし、感性を養うためには欠かせないとわかっていても、世の中には活字を見ることが面倒で基本的にアレルギー体質の人がいる。

この場合、まず理屈抜きに一〇日に一回ぐらい大きなブックショップに入る習慣だけは持ってほしい。これも感性を得るための修行だと思ってやってもらうしかない。

本屋にまず入ったら新刊コーナーへ行き、どんな本が山積みされているかを調べてみる。次に前書きと後書き、そして目次だけ読めば大体伝えたいことがわかるので良しとする。

はじめはこの程度で、売り場をぐるっと回る習慣をつければ、世の中の流れを何となく感じることができるようになる。たまには文化の香りを嗅ぐのも悪くはない。そのうちに活字が好きになるかもしれない。好き嫌いは所詮、食わず嫌いが多く、確かな理由などないからである。

④何といっても本命は海外旅行

日本を離れると日本が見えてくる。私は当時のベストセラー、小田実の『何でも見てやろう』という本に刺激されて、日本の明日を見るために毎年出かけることを自分に課していた。何しろ戦後一五年経つか経たないかの時代なので、見るもの聞くもの魂を揺さぶられる思いで感動のしっぱなしだったことを覚えている。

役員でもそれほど行くチャンスがなかったころ、平社員が毎年海外に出かけるので、イヤでも知れ渡ってしまった。それだけでも自然に自分の存在を知ってもらう効果は抜群にあった。ちなみになぜ行けたのかと言えば、私事で恐縮だが、入社したとき株式課に配属されたので、株で儲けたお金を海外旅行に費やしたのである。

今は海外へ行くことすら興味がない若者が増えていると聞くが隔世の感である。

組織に昇りたい人は一年に一回は出かけ、その国の文化や歴史はもちろんのこと、世の中の流れを見て歩くことをおすすめしたい。ヒント満載であり感性を養う特効薬である。

⑤極めつけは、自分へのご褒美

私の年代から見ると、現在、組織のなかで生きている人たちは大変な時代に遭遇したものだと同情さえすることがある。時代についてはくどくどと説明するまでもないので省くが、こんな時代だからこそ、とっておきの感性を磨く方法を話してみたい。

若いうちは収入も少ないので奥さんの理解が必要になるが、一年働いたわけだから「心身ともに健康でよくやった。ついては褒美をとらす」と、お手盛りで自分へご褒美をあげるのである。賞与時二回できれば御の字だ。

その中身は、何でもよいから一流のものに接することを条件にする。

たとえば、音楽会や芝居を観るなら最高の席で観る。帰りはマキシムでフランス料理を食べてみよう。京都へ行ったら京都つる家で日本料理の粋を味わう。飛行機も思い切ってファーストクラスに乗ってみる。夜の銀座では一流と呼ばれるクラブで身銭を切って遊んでみる。高級ホテルに泊まる。たとえば東京で言えば最新のフォーシーズンズホテル丸の内東京やコンラッド東京とか、サービスを売り物にするザ・リッツ・カールトン大阪などである。私は、ツアーで海外旅行に行くときも、少なくとも数泊は最高級ホテルを取ることにしている。とにかく日頃は高嶺の花であるが、清水の舞台から飛び降りたつもりで決行している。毎年一回のご褒美でも二〇年間やれば二〇回の一流体験が可能になる。

組織を昇りたい人は、このくらいの心意気と積極性がなければ、スタートから出遅れである。肝心なことは、夫婦二人分の軍資金がある方はよいが、ない場合は奥さんの理解を得なければならない。しかし、なかなか難しいことが予想される。はじめからムリと思ったら、コツコツとへそくりを貯めて、黙って自分一人で決行することである。下手に奥さんに話すと、へそくりまで巻き上げられてしまうのが落ちだからだ。ここまで来れば成功を祈るばかりである。

私が初めて一人だけで海外旅行に行ったときは所帯を持ってすぐだったが、家内はにっこり笑って「行ってらっしゃい」と言ってくれた。当時のささやかなサラリーマン生活をときどき思い出して感謝している。

5　遊び心を持て

私は小さな子供のころから「よく学び、よく遊べ」と言われて育った。ふと、学びと遊びのどっちが先だったかわからなくなり、横にいた家内に聞くと「私は真面目だったから学びが先よ」とまるで答えにならなかった。大人の世界ではどちらが先にしろ、あなた方組織に生きる人たちに贈りたい言葉だ。

学ばない人よりもむしろ、遊べない人は人間の幅が小さく面白味に欠ける。面白くないということは考え方が単細胞で、何をやらせても付加価値がない回答が返ってくる。付加価値がない仕事は生産性が上がらない。

関連して、仕事の仕方を見ていると二つに分かれる。やれと言ったことを一所懸命に誠実にこなすが、それ以上は出ないタイプ。片や、適当に手抜きはするが要点だけははずさないで大きな成果を上げるタイプ。

もちろん、コツコツと忍耐強く誠実に間違いなくやる人がいないと組織はもたないし、そのような人が八割方いないと組織は崩壊してしまう。どちらも必要であるが、組織を昇る人は後者に属する。

世間一般は、「遊びは、仕事を一所懸命にするためにある」という考えである。あるいは仕事の後の骨休め的な感覚である。つまり仕事が目的で、遊びは息抜きという解釈である。

私は、若いときからずっと仕事と遊びは同格だと思っている。身を滅ぼすような行き過ぎの遊びは問題外であるが、遊びの場は生きていくうえで大切な気配りや観察眼、人間の操縦術や図太さ、胆力、度胸、臭覚、感性などを学ぶことができる教室だと思っている。

遊ばない人は、ある面では勉強をしてないので、まだ人生学校を卒業してないと言える。

独断と偏見をお許しいただければ、組織を昇る野心を持っている人が仕事一筋で遊びの学校を出ていない場合、両方の教育を受けたライバルと競えば、かなりのハンディを背負うことになる。

私が六五歳のときに経営コンサルタントとして開業できたのも遊びのお陰だし、現在、自信を持ってこの仕事を続けられるのも遊びの教室で学んだからだと思っている。

女性に「望ましい男性は？」と尋ねると、決まって「真面目な人」と答えるが、それは「結婚する相手として」という前提条件付きなのだ。

本当に魅力があって女性が惹かれるのは、雄《おす》のニオイのするオーラがあふれている男性だ。つまり、真面目一方ではなく、懐が深く、賢くて、どん欲でアグレッシブな男である。

男性を見抜く力といえば、クラブのママの右に出る者はいない。

たとえば、同じ環境で同一の仕事をしていて、まったく成績も同じであった場合、どちらを昇格させるか迷うものだが、ママに聞けば的確な選定をしてくれる。人を見る眼は感性の悪い人事部長よりもよほど上である。

理由は、酒席といった遊びの世界は男の器量が出る場所であり、彼女たちにはどんなに紳士ぶっても見破られてしまうからである。そんなことを早くから感じていたので、ときどき優劣つけがたい部下がいると、信頼できるママに聞いて参考にしたが、部下のその後の成長ぶりを見るとほとんど当たっていた。

夜の世界は学びの宝庫であり、下手なビジネス書を読むよりよほど役に立つので、感性の項で触れたように、酒を楽しむなら五回行くところを一回でよいから一流の店で遊ぶことをすすめたい。

「遊び＝酒の席」のようになってしまったが、人間の幅を太くするために感性を磨く場所は、見る、聞く、食べる、勝負するなど、どこにでもある。まず力一杯楽しむことだが、学びの場であることを忘れてはならない。遊びの大学を卒業することは、そう簡単ではないことがわかれば合格である。

6　徳を積むということ

「徳」とは、難しい言葉なので国語辞典をひくとわかりやすい。

「①心がきれいで、努力しないでも、すべての行いが人の模範とするに足る人のこと。②精神的に物質的に人を救済する善行。③品徳に裏付けられた声望。④ある行為に付随する良い結果、死後にまで残る余徳。」（『新明解国語辞典』三省堂）とある。

私などは資格がないことを自覚しているが、組織のトップに昇りたい人は、その全貌を知って少しでも近づく努力をしなければならない。

まず、①の努力しなくても人の模範になる人であるが、何代も続いている会社の御曹司のイメージでとらえることができる。幾多の時代をくぐり抜けてきただけに恵まれた家系以上に、凛とした近寄りがたい品格を備えた人がいる。圧倒的な気品のオーラが流れている。別格の存在であるから端折る。

我々が問題にするのは②である。特に注目したいのは「善行」の言葉である。組織は人の集まりであるから成功するもしないも人間関係に尽きる。組織を動かすうえで、リーダーの存在なくして語れないが、しっかりしたリーダーは、人間関係を上手に裁く人、目標がはっきりしていて毅然として統率できる人、品徳があって尊敬できる人、このような資質があれば、自然に彼の元に人は集まってくるし、最強の組織を作ることもできる。この原動力になるのは「気配り」であり「思いやり」であると思う。人間関係のなかで揉まれて自分を磨いていくしか方法はない。

善行をもう少し具体的に考えると、組織も人間も良いところを見つけて伸ばすことではないだろうか。何でも批判する人がいるが、批判すれば皆が変わってくれるならよいが、むしろ自信を失ってなおさら弱くなってしまう場合がある。

また、自分のために組織があるのではなく、自分が組織のために頑張るという考えになることだ。つまり、組織と自分は一体であると思えば、吹っ切れて、善行に一歩近づくことができる。

私事で恐縮であるが、サラリーマン時代は組織を昇るために、「オレがオレが」の世界であった。同僚との人間関係も、上司に認められることも、業績を上げることも、すべては組織を動かすことを目的としていた。つまり、組織のためではなくは私のためであったわけである。恐らく部下から見れば、徳に欠けていただろう。

入社以来の会社の役員を退任して関係会社の社長の仕事を任されるようになると、私利私欲から無縁になった。会社の業績を上げ、私を社員に理解してもらうにはどうしたらよいかと考えた。だが、それも自分のメンツを傷つけたくないためであった。

七年後、四三年間のサラリーマン社会から退任して、六五歳のときに独立して経営コンサルタントになった。ここで初めて、私を信頼して会社を託してくれたクライアントのためにどうするかという「他利」の思想が芽生えた。

つまり、「たらいの水」の心境である。たらいの水は方円の器の中にあるので、自分のほうへ水を引き寄せようとすると、水は遠くへ去ってしまう。水を押し返すと水は自分のほうへ戻ってくる。まさに、私の持っている体験や知識を伝えることによって組織が少しでも強くなり、その結果、業績が上がれば社員の生活を安定させることができる。

この喜びはいまだかつて得られなかっただけに、自分の存在感を肌で感じている。今では私がお世話する限りは一人の社員もリストラしないで済むように、少しでも生活が良くなるようにという思いでやっている。世に出て五〇年にしてようやく「私は組織であり、組織は私である」という境地に達した。不思議なもので肩肘張っていたころよりもストレスも解消し、肝心のアイディアも以前より苦もなく出るようになった。

もちろん「徳」などとはほど遠いが、心身ともに満足した生活をさせてもらっている。

これから組織に生きるあなた方は、相手のことを思いやる心を持てば、一大飛躍をすることができる。私ももう少し早く気がつけば徳を積めたのに残念である。

2 組織を動かすトップに認められる法

1 自分の組織を冷静に分析する

組織と戦わずして勝つためには、まず自分の所属している組織の体質を知ることが必要であるが、意外に知らないまま竹槍で戦う人がいる。これでは勝ち目がない。

①加点主義か減点主義か

最近、社員に対する評価はかなり客観的に公平になった。組織が実力主義、成果主義を求めているので当然の成り行きである。

もちろんその配分基準は、業種によっても変わるし、担当部署によっても変わってくる。しかし、人間が評価するのであるから特色は出てくる。組織全体の考え方、評価する個人の価値観などによって、おおよその傾向は探ることができるので、あなたも対策を立てて行動すると評価が上がる。

大別すると「加点主義」と「減点主義」がある。わかりやすい表現なので説明する必要もないが、対策を怠ると、一所懸命やっている割には評価されず後塵を拝することになる。

・加点主義の場合

トップの性格にもよるが、組織の大小からすると、比較的小さな組織に多い。もっとも、小さな組織はもともと社員の数も少なく人材も少ないので、現有勢力でやらざるをえないため自ずと加点主義になる。

数字がものをいう世界では何といっても実績を上げることに尽きるが、業績の現れにくい事務職などでは、声が大きいこと、常にプラス思考なこと、改革改善を心がけていること、問題意識をもって対応すること、逃げないことなどが上げられる。

とにかく存在感があることが絶対条件なので積極性を表に出さなければ加点されない。加点主義の良い点は、少しぐらいの傷は問わない面があるので、たとえ失敗してもリカバーできることである。したがって、前向きな姿勢が正解である。

・減点主義の場合

逆に、減点主義は歴史のある組織に多く、安定志向型である。現代社会においては安定などどこにもないので、崩壊していく組織の典型に見られやすい。

この組織は、意思決定をするまでにかなりのエネルギーを使う傾向があり、決まった後も実戦の段階で誰が責任を取るかでもめる。一旦走り出してしまうとチェック機能は働かず、結果に対しては甘いケースが多く、何のためにあんなに時間をかけて論議をしたのかわからないこともある。さすがに現在は、結果に対してもシビアなチェックを行い、責任の所在も明確になってきている。

大きな組織は、どうしても減点主義になりやすく、持ち駒がたくさんあるので評価するうえで減点方式でないと差がつけられない面はある。だから一度失点するとなかなか復活しないので、皆安全運転に徹するようになる。

対応策としては、自ら進んで墓穴を掘るような愚行は当然慎むべきであるが、むしろ「人の行く裏に道あり花の山」で差別化を指向して、大胆にして細心型でいくことをおすすめする。

つまり、人員が多い組織では、組織の文化に合わせて行動していたのでは埋没してしまうので、それに逆らってでも積極的に行動すると認められやすい。上司もけっこう安定志向の組織の弱点は気にしているので、積極性を大切にしてくれる公算は大きい。ただし、図に乗って失敗したり、利用されたりしないように細心の注意が必要である。

②就業規則、分掌規定、職務権限規定を読む

就業規則や分掌規定は、入社したときに人事課から説明があるだけで、ほとんどの人は縁がないので忘れてしまう存在である。

しかし、働くための憲法のようなもので読んで頭に入れておくことをおすすめしたい。ここには組織の掟が記されており、組織の仕組みや行動規範や責任の所在など居ながらにして経営そのものを学ぶことができる。

もう一つ忘れてならないことは、社訓や行動指針、経営理念なども熟読玩味したい。

この類の呼びかけは、社長室や応接間の壁に掛けてある額の一つぐらいにしか認識しないが、その重みについては、決定するまでのプロセスを想定すれば容易に理解できるはずである。特に創業者の心意気が現れており、何代もこの理念の下に結集した力が、「継続」という今日をもたらしているのである。

何事をするにも、錦の御旗や憲法は大切であり、理解していると無視しているとは大きな差になる。

③賞罰の事項は熟読せよ

賞罰のうち、賞のほうはさておき、問題は罰のほうである。

これこそ、一般の人は「オレには関係がない」と錯覚している人が多いが、簡単に抵触する事項が満載されているので、災いを防ぐために知っておくことである。

罰も時代とともに変化するもので、過去には酒気を帯びての出社はまかりならぬなどとあったものが酒気帯び運転の禁止になったり、出勤停止の項に明記されている病名が現在では法定感染性になったりしている。

特に、セクシュアルハラスメントや守秘義務、個人情報とかコンプライアンスなども加わっているため、知らないと思わぬ落とし穴が待っているので身を守る意味で真剣に学んでほしい。

当然、罪状もいろいろで、訓告、戒告、減給、解雇などあるが、特に解雇のうち「懲戒解雇」は問答無用の即〝クビ〟であり、「諭旨解雇」なら情状酌量のうえ退職金は支給される。打ち首と切腹の違いのようなものである。

このように知ることによって、万一の場合は対応如何によって情状酌量の余地も残され、罪一等許される場合もあるからである。

複雑な現代社会において、「オレには関係ない」などと言って済んでいたころの感度では、いつ何時、組織から弾き飛ばされるかわからない。

④加えて労働基本法、労働基準法も読もう

雇用関係においても多様化しているので、別に人事に関係してなくても組織を昇る人は知っておかなければならない。自分の身を守るという意味よりも組織を束ねていくために、基本的な知識は備えておかなければならない。

支店経営でも、人事問題が発生すればかつては本社の人事部に任せておけばよかったが、最近は、事が起こるたびに人事に相談して、おろおろしていたのでは話にならない。ちょっと勉強をしてあると、何が問題点で何がわからない点なのか、ある程度理解して行動に移すことができる。人よりも沈着にして冷静に振る舞うことができ、それだけで一目を置かれることになる。

ましてや自分のことであれば、法には法をもって対応することも可能になる。深く知らなくてもよいから、広く浅く勉強をしておけば大いに役に立つ。つまり頭の隅にあるとないとでは、対応に大きな差が出るからである。

役に立つ知識の小箱をたくさん持つことが、現代社会で生き残るツールになる。

2　組織を動かすトップのパターンを知る

「敵を知り、己を知れば、百戦危うからず」

おなじみの孫子の兵法に出てくる言葉である。組織のトップに自分の存在を認めさせるためには、まず相手を知らなければならない。血液型が違うように、性格も行動パターンも人それぞれ違う。この違いを把握することによって、各人各様に接し方も変えなければならない。相手の弱いところをつかみ、強いところは称えて、緩急自在に使い分けるようにしたい。

さて相手であるが、上司のタイプは一様ではない。私なりに「専制型」「民主型」「放任型」「状況対応型」の四つに分けて、それぞれに接し方を挙げてみた。あなたの組織のトップや上司は、どのタイプに属するだろうか。

大半の賢明な皆さんは自然に防衛本能が働き、嗅覚で対処しているのであるが、以下のようにタイプ別に分けて観察すれば、組織から弾き飛ばされるのを防ぎ、回り道をしなくて済み、うまくいけば組織を動かす側になる確率が増えるので試みていただきたい。何しろ、やり手の上司に認められたら大きな収穫が見込まれる。

古今東西、トップリーダーのあるべき姿や態度、考え方や処し方などを端的に言い表した諺も多い。それぞれのタイプの真髄に近づくため、代表的な諺を添えてみた。

①専制型の上司

「余は国家である」

言わずと知れたルイ一四世の言葉である。ルイ一四世は一七世紀のフランスで「太陽王」といわれた。ここまでくれば本物である。

このほか、独裁者であったヒットラーや毛沢東が上げられる。

人間誰しも、なろうことなら暴君でありたいと願っている。

比較するだけ野暮な話であるが、同じ元締めでも、どこかの元首相は反対に、ねじれ国会に行き詰まり、本人自ら「本当にかわいそうなくらい困っているんです」と涙ながらに国民にこぼしたことを思い出す。片や、「辞めろ、辞めろ」の大合唱のなかで、開き直ってドンと居座りつづけている総理もいる。

さて現実に戻って、自信満々の専制型ないしは独裁型の社長にあたった場合、たとえあなたが懐刀の身分であっても、社長の逆鱗に触れるとその瞬間に切られる恐れがある。

このタイプの上司は己が絶対と信じて疑わないプライドの固まりであるから、傷つけられることを最も恐れている。もし一度でも裏切ったり陰で批判をしたりすると、この上司がいる間は浮かばれないと覚悟したほうがよい。

　このタイプへの対応の仕方は、決して油断をせず、小さなことにも気を配り、ここ一番にタイミングの良い提案と忠誠心を表す。つまり、一番難しい「大胆にして細心」の構えである。また、このタイプは権力志向で、執念深く猜疑心が強いので時に冷酷である。部下が自分に背くか抵抗などをすれば、どんなに尽くした過去があっても、ご破算にして見切ってしまう。そのため末路は、恨みつらみが重なって報復され、失脚する例も多い。

　彼の弱点は孤独であり、寂しがり屋が多い。恐れられているために人々は簡単には寄りつかない一方で、すり寄ってくる者には猜疑心が強いだけに警戒する。したがって、心を許して軽い冗談を言える相手を求めている。「虎穴に入らずんば虎児を得ず」で、虚心坦懐に勇気をもって進めば、割合、懐へ飛び込むことは可能である。

　ひとたび懐に入ってしまえば、徹底的に信頼され、組織の中を大手を振って闊歩できるようになる。専制型の上司の懐に入り込むだけの知恵を持っているあなたのことだから、その後もなれなれしくしないで、あくまでも礼儀正しく謙虚さと感謝の気持ちを忘れないで振る舞うことが前提である。

②民主型の上司

イメージとしては、お互いの立場を尊重して理解し合う、リーダーとして理想的なタイプに思われる。だが、この手のトップは二通りに分かれる。

ポリシーやコンセプトを明確に持っており、ただ人を上手に動かすための手段として意見を聴き、やる気を引き出すために意見を求めるとか、部下に考えさせるために課題を与えながら能力を計るといった高等テクニックを弄するトップである。

もう一方は正反対に、自分では決められないタイプで、温厚な紳士ぶった、俗に言う八方美人が多い。だが生来、優秀な部下がついて支えてくれる運の良い人である。

相手がどちらのタイプに属するか見定めてかからないと、大きな誤算が生じる。

自立型の上司は一見、民主的な雰囲気を持っているので組みしやすいと思いがちだが、意外に冷静でクールである。特に頭が切れる部下を認める傾向があるので、部下としては半ば試されていることを念頭に置いてポイントを稼ぐ必要がある。人とは違った考え方をするとか、面白い見方をする、判断がぶれない男あるいは「こいつは頭が切れるぞ」と印象づけられたら成功である。

一方、八方美人型で創造性のない上司に対しては、「君がいなければ困る」と大いに思わせるとよい。利用されることを前提に全力で取り組み、手柄は上司のものとしているうちに上司は頭が上がらなくなる。上司の能力の程度がわかってくると、全面に出て成果を自分のものにしたくなる誘惑にかられるが、ここのところはじっと我慢である。

このタイプはいつでも追い抜けそうに見えるが、かなりしぶとくて追い抜けないものだ。なぜなら世俗的なことや人間関係には長けているから要職についているのであって、あなたが手柄をたてたり主役を演じたりすれば、とたんに報復される恐れがある。

尽くしていれば大切にしてくれるわけだから、上司に将来性があればついていって、ともに引き上げてもらう手もある。ただし、「便利屋」として使われると簡単に離してくれなくなるので、頃合いを見計らって逃げ出すことも考えておく必要がある。

③放任型の上司

年功序列が生み出した典型的なタイプである。競争が熾烈な現在ではミドルクラスまでだろう。このタイプが上層部までいくような組織であればもたないと言える。

しかし、現業部門ではけっこう幅を利かす場合もあるので要注意である。

この手の上司は、上げ潮に乗っている間は豪放磊落ぶって、「責任はオレが取るから好きにやってこい」などと簡単に口にするが、ひとたび下げに転じると「自分だけどうしたら逃げられるか」を考える。態度や口で言うほど責任は取らないタイプである。

部下の行く末を冷静に判断しながら見守ってくれるならよいのだが、単なる放任、ずぼら、無責任、自覚ゼロの功名心だけを求める上司に会うと、討ち死にしてしまうことさえあるので早く逃げたほうがベターである。

放任型の管理職が好き好んで使うのは「自主性」という言葉である。自主性の真の意味を知らないまま使っているので始末が悪い。

私は、長い間見てきて、この自主性に名を借りた放任主義ぐらい、組織をダメにする管理職はいないと思っている。

人間はどんな場合でも、ある程度の歯止めや規制、管理監督をされているから、緊張感や義務感が生まれるのであって、管理職が「オレは君たちの自主性を信頼しているから、とやかく言う気はないよ」「良きに計らえ」式でやっていると、その箍《たが》が緩んで確実に組織は衰退していく。

一番の問題は、こう言われた部下は仕事の量も質も自分の価値尺度で進めるからである。誰からも管理されない状況が続くと「朕は法なり」で自分の尺度でものを考えるようになる。自分は正しく、自分のペースは適当であり、自分は一所懸命やっていると思い込んでしまう。結果は、業績が上がらないのは当然、コンプラ違反を犯したり社内規定に反したり、惨憺たる状態になる。

最悪の場合、コンプラ違反などで会社が罰せられたりすると、懲戒解雇の対象あるいは極刑になることさえある。

私が言いたいことは、上司の放任主義が部下を殺すことさえあるということである。

これこそ組織が人を殺す例である。部下はそれなりに一所懸命に仕事をしていると思い込んでいるだけに悲劇としか言いようがない。

ぐうたらな社員にとっては上司様々で、とりあえずは居心地の良い場所であるが、当の上司が替わったりすると、日頃鍛えていないだけにたちどころに馬脚を表し、組織から弾かれる対象になる。そのうえ、こんな上司は、どんなに尽くしても引き上げてくれるようなタイプではない。どっちに転んでもやっかいで人騒がせな上司としか言いようがない。放任主義の上司にめぐり会ったら、よほど心を引き締めてかからないと、最悪な結果になる。

④状況対応型の上司

文字どおり、状況に応じて対応していく、やり手のリーダーである。これからの組織はこのタイプのトップが嘱望され、頭角を現してくることが予想される。

昔のように黙っていても高度成長が約束されていた時代は、いい加減な男の烙印を押され、信頼されないコーナーに入れられていた。

当時、「朝令暮改」という諺は管理者を戒める言葉だった。リーダーたる者ひとたび決断したからには面子にかけて、ぶれないでやり通すことが正しいとされた。

しかし、現在のようにめまぐるしく激変する社会では、会社も即応していかないと追いつけない。あるいはチャンスを逸することになる。当然、意思決定も臨機応変にならざるをえない。

私は、講演やセミナーで「日本の政治家のように定見もなく、意見をころころ変えるのもまずいが、生き残りをかけている経営者は、政策や戦略戦術の変更を堂々とやるべきである」と話している。

もちろん、その犠牲になるのは部門の長であり社員であるので、トップリーダーは問答無用とばかり命令するのではなく、理由をよく理解させる努力を惜しんではならない。

このタイプの上司に仕えるには、かなり「機を見るに敏」であり、時代を読む感覚もシャープで、できるだけ早く結論を出したがる人が向く。どんなに良い結果を出しても遅いことがマイナス点を際立たせ、何事も「遅い」の一言である。部下として最も嫌われるのは、「今まで何をしていたんだ」「やっとできて、これか」とか「時間をかければよいというもんじゃあない」などとすこぶる機嫌が悪くなる手合いである。

仕事の仕方としては、上司の意見が変わるのは当たり前と思うこと、いちいち気にして怒っていたのではもたない。次に結論を早く出すためには途中経過を報告して、常に軌道修正をしていくことをおすすめする。特に要領の悪い人は、早く早くとせかせられると、思考回路が停止してしまい、気が焦るばかりだ。

また悪いことに、このような完璧主義の人はやり終えるまで提出しない習性がある。つまり中途半端にできない性格だけに、念には念を入れて仕事をする。完璧を期したつもりで恐る恐る書類を提出すると、上司は遅くてイライラしている最中だから、一、二行見てちょっとでも自分の意向と合わなければ、大喝一声「君、こんなことを頼んだんじゃあないよ」と一蹴され、自信を失う羽目になる。

状況対応型の上司は、腰が軽いだけに勇み足の危険がある。あまり考えないで行動を起こし、やばいと思ったらすぐ引き返すのだが、下手をすると失敗した理由を部下に押しつけて、自分は適当に逃げてしまう。

社内ではやり手で通り、さっそうと肩で風を切る格好良さはあるが、快く思っていない者も多いだけに敵も多い。全幅の信頼を寄せると、思いもよらないとばっちりを受けることがある。支援する場面と逃げる場面を十分見極めて賢く動かないと、一生を棒に振る事件に巻き込まれたりするので注意したい。

⑤組織のトップに昇りつめた人は総じて辛い評価をする

組織のトップに昇りつめた人を見ていると、共通の特性があることに気がつく。総じて言えることは、「性悪説」をとり猜疑的で、人を簡単にはほめない傾向がある。それも伝統ある何代も永続しているオーナー会社の社長やカリスマ経営者に多い。もっとも、楽観的でいつも「性善説」で経営をしていたら何代ももたないはずである。だから、部下のことを「彼はなかなかよくやります」とか「仕事ができますよ」と具申すると、あまり良い顔はしない。少しでも違った印象を持っていると、「君は部下に対して甘いのじゃないか」あるいは「君は人を見る目がないね」などと眼力の良し悪しまで批判されてしまう。

逆に、部下に対して辛口の評をしている分にはご機嫌が良く、判断が一致したりすると「君は仕事に厳しいが人を見る目も厳しいね、うちの連中はどうしてもかばう癖があるが、そのくらいでいいんだ」「君は人を見る目はあるね」などと評価が上がったりすることがある。

トップリーダーがこのような心理状態になるのは、今まで幾多の障害や障壁を乗り越えて、「一将功なりて万骨枯る」の言葉のとおり、多くの人たちの犠牲の上に獲得した地位だからである。

原因としては、自分は絶対だという自信の元にいるので、他人をほめる必要がなくなってしまったといった現実論や、頂点を目指している間に相手の弱点ばかりを見てきたのでほめる感覚が鈍くなっている、あるいは頂点に到達した後は守勢の立場になるので、力のある者に対する本能的な警戒感が働き、拒否反応につながるなど、いろいろ考えられる。

目端の利く人は、トップの喜ぶ勘所を知ると「彼はよくやりますが、ここが大きな欠陥で」「あれはどうしようもありません」「社長のことをこんなふうに言っていましたから、私が正しておきました」といったライバルの中傷、誹謗、ご注進をすることによって、自分を売り込む。組織のなかにこの性癖が行き渡ってしまうと、疑心暗鬼が芽生え、奸臣が多くなって活力を失う。

あなたが、このトップの特性をどう使われようと結構であるが、トップが度を過ぎないように諌めるのも忠臣の役目である。

トップセミナーでは、「人はほめれば今までの三倍は働く」「組織にとって、ほめ上手は三文の得」と言って、部下の良いところをほめるように教えている。欠点は自然に目につくが、利点はなかなか見つけにくいのかもしれない。怒鳴ることはうまくても、ほめることは難しいらしく、ほめるべき成績優秀者に対して、あまりうるさいことを言わないことがほめ言葉の代わりになっているようなこともある。

日本人はシャイなのか、ほめることは苦手な民族なのかもしれない。ほめるのが苦手であったら、まず欠点を指摘した後、良いところをほめるようにすれば言いやすくなる。

組織を昇りたい人は、認められたい上司に対しても、自分のために働いてもらいたい部下に対しても、「ほめる」行為は最低のエネルギーで済み、最高の利益が得られる絶対の投資術である。

3　組織を動かすトップが求める部下とは

経営学の神様であるドラッカーは、「たいていの経営者は後ろ向きのことに大半を過ごす」と言っている。

ドラッカーに言われるまでもなく、会社の仕事のほとんどは昨日あったことに対して断を下し、後始末や尻ぬぐいをすることだ。

そのうちの半分は雑用であり、どうでもよいことが多い。「そんなことまでいちいち言わなければ決められないのか」とか「その程度のことは部長がいるだろう」といった、イライラした社長の怒鳴り声が聞こえてくるようである。

言い換えると、明日に向かってじっくり考えたり、将来の布石を打ったりする時間がないため、社長は常に時間に追われる恐怖から逃れられない。こんなとき頼りになる部下がいてくれたらと願うが、なかなか帯に短し襷に長しで、気に入った右腕が見つからないものだが、この悩みは大方の中小企業の経営者の宿命でもある。

①トップは常に信頼できる部下を求めている

本当に信頼できる部下とは、頼んだことに対して、決められた時間内に正確な答えが返ってくることである。

組織のトップは、あらゆる仕事が押し寄せてくるので、総じて短気でイライラ病にかかっている。このイライラをどけてくれる部下がいると安心できるわけで、そのような役目を狙うことも組織を駆け昇る近道の一つである。

この場合、トップの要求に応えられなかった、あるいは信頼されなかったときは、悲劇的な結果が待っている。諸刃の剣になる恐れがあるので気をつけたい。

つまり、トップは距離感があるうちは「あいつはできそうだ」と好意的な印象を持って見ているが、そばに呼んで実際に使ってみて「大したことがない」とわかると、完全に本流から外してしまう。

以前のほうがよほど良い成績だったのに、トップになまじ近寄りすぎたために力を見抜かれてしまい生地が出てしまった例である。このようなことになると、トップが変わらない限り芽が出ないから、抜擢されたことを喜んでばかりはいられない。

もちろんその逆もあり、初めは何の期待もしていなかったが役に立つとなれば、異例の昇進を続け、あれよあれよと昇っていく例もある。「あいつは運がいい」と言ってしまえばそれまでだが、同じ抜擢でもチャンスのつかみ方で地獄と極楽に分かれるのだから恐ろしい。その差は生涯縮まらないかもしれない。

②側近に抜擢されたときの仕事術

抜擢されてトップの近くに据えられた場合は、喜んでばかりはいられない。「人間万事塞翁が馬」で、良かったと喜んだことが災いに転じることはよくあるので注意したい。

どんな場合でも仕事の基本は変わらないが、組織のトップへの対応の仕方は、自ずとやり方がある。

とにかく彼らは忙しい身であるから、できるだけ早く全貌なり結論を得たい。

この要求に照準を合わせて仕事を組まないと失格になる。だから次の二つのことを常に頭に入れて仕えれば、当面の及第点はもらえるはずだ。

・完璧主義より拙速主義のほうが評価は高い

課題を与えられたら、その目的を正しく受け取る。提出期限にもよるが、完璧を期すことよりも素早く仕上げることが大切である。つまり、うまくやろうとして遅くなるよりも、多少出来が悪くてもタイミングを合わせて素早いほうがよい。

・プレゼンテーションの基本は、簡潔にして結論を先に出す

有能な人は、結論を聞けば、途中経過は端折っても理解できる。また、トップリーダーはせっかちな人が多いので、良い話でも悪い話でもまず結論を聞きたいのだ。

にもかかわらず、何を言いたいのかさっぱりわからない話をされ、イライラがつのるうちに、最後はうまくいかなかったことがわかると、失敗や能力のなさが増幅されて伝わり最悪の事態を招く。それだけで側近としての資格を失うことになる。

悪い話ほど、先に報告することが少しでもトップの怒りを和らげる最良策である。

そのほかにいろいろな能力が要求されるが、とりあえずこの二点だけは欠かすことのできない必須要件である。

私も東京の支店にいたとき、社長に呼ばれて企画室長の仕事を命じられた。

彼は大変シャープで感性のある人だったので、仕える私は精神的にもかなり参ったし、自信を失うこともたびたびあった。先にも触れたように、毎日トップと一緒に仕事をするわけだから、能力もさることながら性格や感性まで見られてしまう。このまま敗退したら二度とカムバックはできないのではないかと不安感で一杯であった。

そこで心に誓ったことは、**絶対に逃げないことであった。**

一応、自信とプライドを持っている男が完膚なきまでにやられると、自尊心はずたずたになり相当参る。この臨場感はなかなか伝わりにくいが、実際の場面になると恐怖感が先に立ち、頭が真っ白になるくらい思考停止状態になる。しかし、重要案件は事前に承認してもらえなければ取締役会にかけられない。反対をされると再び提案する勇気もなくなり、絶望的にすらなった。

気を取り直して、「どんなに優れた人物でも相手は人間であるし、とにかくいろいろ先のことを考えないで自分を出し切ろう。それには必ず一日三回は会おう」と決め、尻込みする自分の背中を押したものである。

とにかく会えば彼の気に入らないことや望んでいることも察しがつき、打開の道も探れると思い、朝叱られて去り、昼に挨拶してヒントを探り、ようやく夕に正解を持っていくといった生活を続けた。そんな努力の結果、一年後にはすべてを任せてもらえるようになった。それからは各部門から上がってくる案件は私が承諾すればほとんど無条件に近いほどに信頼してくれた。恐怖心を克服するには、精神論よりもまず行動することである。

③上司のご下問に一発で通す法

私は企画室長時代、もう一点考えたことがある。

初めは与えられた課題や案件に対して、トップに受け入れてもらうために完璧に作り上げてから臨んだ。しかし勘の良い彼は一発で「こんなことを頼んだわけじゃない」と言って否定することが何回かあった。どこが悪いのか聞いても「それを考えるのが君の役目ではないか」と言ってヒントもくれない。

悩み抜いていたあるとき、ふと私は、どうせ自分は彼本人ではないのだからいくら推し量っても所詮は望みどおりのものは作れないことに気がついた。それからは、大体の構想がまとまった段階で持ってくことにし、一つひとつダメ押しをしていった。

つまり、彼をその企画の中に引きずり込んで一緒になって考える共同作業に変えたのである。このようなプロセスをたどれば、企画が完成したときにはトップの考えたとおりの結論になる。しかもイライラさせずに済むのでご機嫌も良い。いつの間にか、「あいつは仕事ができる」と、お墨付きをもらえるようになった。

話してしまえば大したことではないが、そこにたどり着くまでは七転八倒の苦しみであり、まさにコロンブスの卵であった。同じような境遇で悩んでいらっしゃる方はぜひ、この方法を使ってみていただきたい。コツを飲み込めば効果は保証する。

馬鹿ほど可愛いと言うが、確かに目から鼻に抜ける優秀な人ばかりが可愛がられるわけではない。

④口が堅いというイメージは信頼の元

自分の意思や業績を伝えるには、口下手よりも雄弁なほうがよいに決まっている。

言葉は何千何万の人を感動させ動かすこともできるし、誤った方向へ先導することもできる強力な武器である。また逆に、甘言を弄してへつらったり、告げ口という手を使って人を陥れたりすることもできる恐ろしい武器でもある。

シェイクスピアの劇など観ていると、言葉の力や言葉の恐ろしさが伝わってくる。

それだけに人が触れてもらいたくないことを、本人にはもちろん、他人にも簡単に話してはならない。

「ここだけの話」「君だけに話すので」と言ってしゃべりまくることが好きな人がいるが、相手に「しゃべってくれ」と頼んでいるようなものだ。話を広めてもらいたいときにはそんな人を使うという賢い者さえ現れる。

口が軽いと思われることは、ビジネスマンにとって大きな欠点であることは事実である。

私はどちらかと言えば弁舌に自信を持っており、いい気になっていたが、会社の重大な秘密事項を漏らしたのではないかと疑われたことがあった。

自分では「話ができることは自分の良い点だ」と思い込んでいたが、他人の印象では「あいつの話は面白いが、おしゃべりだから危ない」と思われていたわけで、大いに反省をさせられた。自分の危機管理の対象は、他人に対してではなく、案外自分が自信を持っているところにあるものだ。

同時に、一旦疑いを持たれると、否定することはほとんど不可能に近いことを思い知らされた。特にアフターファイブで酒が入った席のときは十分注意しなければならない。

「あれは酔った勢いで冗談ですよ」などと弁解しても絶対に許してはもらえないので、酒に飲まれる人は口を慎むことだ。

昭和の大恐慌も、時の大蔵大臣片岡直温が「東京渡辺銀行が破綻した」の一言を言ったばかりに、事実は違ったにもかかわらず、そのあおりをくって現在の双日株式会社のルーツである鈴木商店まで倒産した事件があった。

以上のように口先一つで組織が揺れ動き崩壊することさえある。

こんなに威力のある武器だけに口は災いの元であり、組織のピラミッドの頂点に近づくほど、口が堅いことが最大の信頼になる。

重大な用件は、今日考えて明日話すぐらいがちょうどよい。

⑤偉くなる人はトップに可愛がられる資質を持っている

時の権力者に可愛がられると、出世街道を驀進することができる。

今、振り返ってみると、私は若いときから上司に目をかけられたほうだと思う。

こればかりは、どうしたら組織のトップに可愛がられるかといったノウハウはないが、一つだけ言えることは、思い切って接近するチャンスを自分で作る努力をすることだ。何しろ自分の存在を知ってもらえなければ話にならないからである。

雲の上の人のところへ会いに行くのだから、まず勇気がなければできない。

生まれつき勇気や度胸を持っている人は、平気で誰にでも話しかけることができるが、ここでお話しするのは、そんな図々しさや度胸のある人を対象にするつもりはない。不思議なことに、こういう根っから図々しい人は偉い老人には可愛がられないものだ。どうも偉い人というのは、図太さだけの人間は性に合わないのかもしれない。

かつての私は臆病だったので、行かないで済むものなら行きたくない気持ちが先に立った。それがどうして行く気になったかというと、たとえ自分にどんなに能力があったとしても、組織のトップにそれを認めてもらえなければ世に出ることはできない。したがって、どうしたら認めてもらえるか真剣に考えた。

何しろ自分の存在を認めてもらうということは、生き方を認めてもらうに等しい。それでも気軽に行く勇気がないので、会う前にかなり綿密に考えて心の用意をして出かけた。内心はイヤで仕方がなかったが、自分で自分の背中を押してアポイントメントをとったことを覚えている。こんなふうにかなり無理をして近づいて自ら飛び込んでいった。

努力のお陰で若いときから組織の歴代のトップに会うことができ、目をかけてもらったので、やりたい仕事ができたように思う。

組織から認められるためには人と同じことをしていたのでは目にとまらない。それを「要領が良い」とか「ゴマすり野郎」といった表現で軽蔑的に見る人がいるが、この程度の段階にいる人たちは先が知れているので論外である。

どこにでも老人キラーはいるもので、不思議にいつでも目をかけられる者がいる。

トップに可愛がられるということは、本来の相性が合うと言ってもよいかもしれない。その根底にあるものは信頼を得ることだと思う。部下によっては上司に何を言っても大目に見てもらえる者もいれば、軽口を叩いただけでこっぴどく叱られる者もいる。

この年になって、偉い人に会うことにさほど気を遣う必要がないことがわかるようになった。そこで偉い人たちの心の内をお教えする。

- 地位の差が大きい場合、「私のような者にあんなに忙しい人が会ってくれるはずがない」と思うのが普通だが、この先入観をなくすことである。
- 「あんな忙しい人が、私のために時間をとることは申し訳がない」と相手の気持ちを察して遠慮してしまうが、その必要はまったくない。
- 一度受け入れてくれたら、折に触れて継続して訪問する努力をする。そのときは、最低の礼儀と感謝の気持ちを忘れないこと。

この三つのことを理解できれば、あとは実行あるのみである。

まず「会ってくれっこない」という先入観が、どうして錯覚なのか。その理由は、トップは確かに忙しいには違いないが、まったく暇がないのかと言えば、時間を作れないことはない。

専務クラスでも社長に会うときは緊張するものである。ましてや、課長クラスにとって社長は雲の上の存在なので、たいていは年末年始のときぐらいしかお目にかからない。

もうおわかりのように、社長の所へは要件がない限り、意外に来訪者は少ない。だから、気軽に話せる相手がほしいのだ。気心が通じる相手とわかれば、気軽に会ってくれる。それは孤独な空白を埋める憩いのひとときになるからである。

確かにはじめは、秘書のところで門前払いになるが、その程度で怯んでいたのでは自分の存在を知ってもらうという大仕事はできない。何しろ自分のやりたい仕事をさせてもらうためだ。たやすく、かなうはずがない。諦めないで扉を叩きつづければ必ず開く。

私の知人で、本を読んで感銘すると著者がどんな偉い人であっても会いに行くという、面白い趣味を持っている人がいる。たとえば他府県の知事とか高名な経営者とか、考えられないような超多忙な人が彼のために時間を割いて会ってくれるそうである。

種明かしをすれば、著者宛に感想を書いて手紙を出す。直筆で書いてアポイントメントを取るところが心憎い。すると、たいてい「何時においでください」と秘書を通じて返ってくるという。多くの人は、「あんな偉い人、あんな忙しい人に、見ず知らずの自分が会いたいと頼んでも無理だ」と思っているので手紙など書く人はいない。

会いに行くと、著者は数少ない訪問者であることに感動してくれる。つまり、あなたが思っているほど煩わしいわけではなく、ＴＰＯさえ合えば、むしろ人が訪ねてきてくれることは歓迎なのだ。

次に、迷惑になることを恐れてやめてしまうことがあるが、実際はそんな心配はまったくいらない。あなたは相手の心情を汲み取って遠慮しているのに、偉い人はあなたがそんな気遣いをして来ないのだなどと思ってもいない。逆に「折角、目をかけてやったのに最近は挨拶にも来ない」と腹を立てていることもあるくらいだから、人の気持ちなどわからないものだ。

これほど立場が違うと、思いもよらない逆の方向に進んでしまうので恐ろしいことだ。人生なんてこんな誤解の積み重ねでどうにでも転がることを思えば、望みどおり偉くなった人は天に感謝すべきである。

そして一度開いた扉は大事にして、足繁く通うことである。その折はさっぱりとした身だしなみと、時間を割いていただいた礼を言い、さわやかに接することだ。図に乗ってあまり鋭い切れ味を見せると警戒される元だ。たまには隙を見せて無知の部分もさらけ出すことも賢明であるし、時には甘えて思い切って懐深く入り込むこともよい。そこに可愛さが潜んでいる。

会社の批判めいた話は、問われるまではしないほうがよい。

4　相性の悪い上司に仕えたら

人は誰でも好き嫌いがあり、理由もなく気が合ったり、合わなかったりする。単に個人個人であれば、イヤなら付き合わなければ済むが、組織ともなればそうは言っておれない。苦手意識の上司であると不思議なことに、たいていは相手も同じ感情を持ちやすい。気が合う者同士ならはっきりわかり合えるので、その逆も真なのかもしれない。

嫌いな部下の場合は無視することになるが、上司に対しては無視を続けるわけにはいかない。何しろ昼間の生活の三分の二は同居しているわけで、女房より深い仲とも言える。「さあ、これからいよいよ部長を目指すぞ」という上り坂のときに、人事異動でやってきた担当役員がかねてから何となく違和感を持っていた人だったなどということはよくある。何もこんなときにと神を恨んでみても始まらないが、どうすればこの不運を最小限に防げるか真剣に考えてみる必要がある。

①これといった理由がなく、何となく気が合わない場合

好き嫌いや相性が悪いといったものは、あくまでも感情の問題であって科学的に証明できないだけに厄介な代物である。

具体的な理由がないのだから、改めて「嫌い」と思う原因を細かく分析してみる。本当に気に喰わないのか冷静に考える。

冷静に調べても理由がないのに、いけ好かないという場合は厄介である。正面切って「これからお互いに仲良くやりましょう」というのも変なものである。

ここは、前途洋々の若いあなたの方から気持ちを入れ替えて変わる以外にない。所詮は感情の問題であり致命傷になる理由がないのだから、単純に上司の良いところを見つけて接するほかない。次のような方法があるが、かなり努力しなければならない。

具体的には、ホウレンソウ（連絡、報告、相談）を徹底することである。これを集中的に頑張れば必ず扉は開ける。まさに「叩けよ、さらば開かれん」である。私自身が体験したことだが、一度や二度は相手にされなくても一所懸命真剣に接しているうちに相手の心を開くことができた。

何も努力しなければ、どんどん二人の仲は遠くなるばかりで、どうしてもという用件でもなければ口もきかなくなってしまう。こんな状態が続けば、部長の地位はおろか、今の地位さえ危なくなり、自分の将来が閉ざされてしまう恐れさえ出てくる。とにかく大した用がなくても足繁く通うことである。

このように努力した結果、一旦わかり合えればかつてのわだかまりはウソのように解け、「あれはなんだったんだ」と思うほど信頼し合う仲になる。案ずるより産むが易しである。

もともと好き嫌いの理由がないのだから、お互いの努力次第で解決できる間柄である。そうであれば、部下のあなたが戸を叩かない限り開かないはずである。

②過去にわだかまりがあった場合

過去に個人的にややこしい関わり合いがあったとすれば、できるだけ明るく素直な気持ちで詫びるなり、和解を申し入れ協力を申し出ることがベストである。

この場合、屈辱的な態度はとらず、努めて笑顔であっさり誠意をもって挨拶すれば、上司のほうも直属の部下の協力は欠かせないわけで、お互いの利害が一致するので意外に良い方向に向かう可能性が大である。

大切なことはスピードであり、タイミングを逸すると修復は困難になる。つまり、勇気を出す以外にないが、なかなか実行は難しい。しかし、自分の一生がかかっているのだから自分の背中を押すしかない。ちょうど夫婦喧嘩をしてよりを戻すときのタイミングが難しいのと同じである。

③何をしてもダメな場合

それでもダメなら苦手な上司から逃げるしかない。上司があなたを他部署へ追いやるならそれも良しだが、どうせ希望する部署へは行けない。あるいは冷や飯を二、三年喰うことだってあるので、人生設計はメチャメチャになる恐れがある。

高等戦術は人の手を借りることである。過去に自分を引き立ててくれた上司、または好意を持ってくれている力のある先輩に引っ張ってもらうことである。そこに空席がなければ、人事課に掛け合ってもらうことも考えられる。

このとき直接、人事課へ頼むことは絶対に避けなければならない。人事は公平をモットーにしているので、そのままあなたの望みを受け入れてくれるほど甘くはない。必ず直属の上司と相談するだろうから、相手が社長候補であるようなやり手なら、一巻の終わりになるので十分注意したい。

以上いろいろ考えられるが、私の成功例からは、接近、接近また接近が一番効果的である。続けているうちに親近感が湧き、嫌いな上司でも嫌いでなくなるから不思議だ。相当なわだかまりがあったとしても、上司のほうも接近してくる部下が可愛くなり胸襟を開き、目をかけてくれるようになる。

結論は、逃げるよりも成功の確率は高いので、勇気と忍耐力を持って苦手な上司に接近するほかはないと信じる。ただし、これほど難しいものはないことを認識したうえで取り組まなければならない。このキーワードは、自分の中にある。自分を強くするしかない。

5　品性が卑しい上司に仕えたら

要領が良いと言えば聞こえがよいが、イヤな仕事や責任を取らされる案件はなるべく逃げて他人にやらせ、結果を見てうまくいきそうであれば途中から入ってきて、手柄は自分のものにしてしまう。反対に、状勢を見ていて結果が悪そうになったら、そうっと逃げて他人に責任を被せてしまう。

巧妙に動くので「切れ者」とか「やり手」で通っている。簡単には見破られず、適当にゴマをするのもうまいので甘い上司には評価もけっこう良い。こんな人間に限って組織のトップを走っている例が多い。

真面目に頑張っている者にとっては許しがたい存在と言える。こんな上司にめぐり会った部下は悲劇である。

では、この場合の対処方法を述べよう。

①あきらめる

消極的のように見えるが、時を待つのも一つの選択肢である。

怒り心頭で全員が同じ考えであればやりようもあるが、自分一人が悩んでいる場合、下手に誰かに相談すると、すぐ告げ口する者が出てくる。

品性が卑しい上司は、かなり慎重であって周囲に敏感に反応する能力がある。また、子飼いの部下をスパイに仕立ててご注進させるぐらいは朝飯前である。ただ、内心はかなり自信がなく、揺れている。

この虚を衝いてストレートに指摘することも効果がある。

あるいは、ここ一番失敗の確率の高い企画を選んで「今度のプロジェクトは難しいので、ここは部長の力を借りないとやっていけません。ついては責任者になってください」と持ち上げたうえで簡単には逃がさない手を使う。そのうえで上司を積極的に手伝えば、あなたを頼りにすること請け合いである。

ただし、やりすぎると、悪女の深情けで当分離してもらえなくなる恐れがある。つかず離れず、その度合いが難しい。

②チャット作戦を展開する

おしゃべりな人や人の詮索が好きな同僚、あるいは他人の悪口が大好きな者などへ、上司の日頃のいい加減な行動をそれとなく話す。会社内にいつの間にか蔓延して、上から下まで知られるようになれば、あなたの鬱憤も解消するし上司の評価も落ちるだろう。

それでも成功しなければ、やはりここから逃げるしかない。転勤の申し出は先に述べたとおり、周囲の力を借りてやるべきである。

逆にあなたが同僚からどう見られているか知りたければ、第三章の処世訓一四例で紹介したように、湯沸かし場やトイレの噂話に気をつけることである。ただし、気にしすぎるとダメだし、気にしないと足元をすくわれるので、どちらも注意が必要である。

第五章

組織に見放されそうになったとき

誰でも何度かピンチはある

[1] 組織から自分を守ることを考える

ここまでは、組織そのものを知り、その組織をまとめているトップの実像を探り、一般の構成員から組織を昇るために処世術やノウハウを述べてきた。

しかし、人生は上昇志向に乗って順風満帆のときばかりではない。むしろ、思うようにならないのがこの世の定めである。そのうえ最近は、組織と個という位置づけをすると、圧倒的に組織のほうが強い存在にある。

今までの章は、戦わずして勝つことを考えて書き進めてきたが、長い人生のうちには、好むと好まざるにかかわらず戦わざるをえない場合がある。

ここからは、そのときに備えての防備について述べる。

1 専門家をブレーンに持て

相当勉強している人でも、専門的なことになれば深くはわからない。

しかし、少しばかり小才のきく人は要点を把握する術には長けているし、広く浅く知識を持っているので、事を処するに当たり、当面のパッチ当てはできる。そんな人は周囲から尊敬の眼で見られるし、上司からも「頼りになる部下、できる部下」の印象を持たれるだろう。だが、このように何でも知っていると自覚している人の陥りやすい欠点は、当面の瞬発力に気を良くして自己満足してしまうことだ。

物事はそんなに簡単にわかってしまうものではなく、もう少し深く追求すれば、より良い結果が得られる場合も多い。生半可の知識では取り返しのつかないことになるかもしれない。大切な問題は、専門家を通して確認するなり、もっと補足することはないか指導してもらうことによって、あなたの力は本物になる。そこで、社内外に専門家集団のサークルや友人がいれば努めて接近するのがよい。いなければ、まず会社の顧問弁護士や社会保険労務士あるいは税理士、公認会計士と親しくなることである。

会社の顧問の場合は、身銭を切って食事にでも誘って親しくなりたい。特に同じ会社のなかに専門家がいる場合、とかく好き嫌いで距離を計りがちになるが、感情にとらわれず、目的優先でいかなければならない。

私はこのような考えで、株式課に所属していたときは証券のプロと、営業部署では倒産会社の整理で知り合った顧問弁護士と、企画室では経営コンサルタントや公認会計士など、それぞれの部署で知り合った先生方と親しくなった。それは仕事のうえではもちろんのこと、その後の人生に多くの糧となった。

何しろ社会の変化はめまぐるしいので、機会を見つけては情報源をたくさん持つことがあなたの資産になる。お金を貯めるだけが能ではない。

2 実力のある部下を集める

最大の防御は自分の力をつけることである。そのうえで、専門家集団も持っていれば鬼に金棒である。次に、他力に頼ることになる。

しかし、やり手と称される管理職は「オレの部署はオレの力で成り立っている」と思い込んでいる者が多い。

こんな管理職は「うちにはろくな人材はいない」と公言してはばからないが、そんな大切なことがわかっているなら、どうして優秀な人材を社内からスカウトして集める努力をしないのか不思議でならない。

恐らく彼は部下の力を知らないのか、認めたくないのだろう。部下があって自分があること、部下とは合わせ鏡のようなものであること、どんなに良いアイディアであっても優秀な部下がいなければ実証できないこと、小さなことでも一人では何もできないことなど、組織のイロハを知らない人であると言える。

こう言うと、「いや、自覚もしているし、部下を認めてもいる」と答えが返ってくる。その割に大半の管理職は、自分の部下に対して関心を持っておらず、「あいつはできる、できない」「一所懸命やっている、適当な男だ」といった相対的な感想の枠を出ない。自分の命令どおり思うように動かない部下には、ほとんどが諦めて見放している。扱いづらい問題児に対しても、膝を付き合わせて真剣に話し合うこともなく、放棄したままである。その理由を尋ねても「言っても聞かないし、どうしようもない」と言い、そうした部下がリストラ対象にでもなると、その引導役を逃げようとする。

管理職は、人事を会社に任せっぱなしにしないで、自分で発掘したり育成するべきである。業績を上げるため、自分のために組織を最強軍団にするためにも、部下の指導、育成、落ちこぼれ対策や、社内からの人材のスカウトといったことに努力すべきである。特に優秀な人材を組織の中から集めるということは制約があるだけに、意識して努力しなければ不可能である。

成功したリーダーたちの共通点は、優れた良い部下を集めて自分の結果を出していることである。自力に加えて、部下という他力を合わせるのだから力は倍加する。優秀な部下にめぐり会ったお陰で昇進する人もかなり多い。これほど効率の良い出世の方法はないと思うが、部下を非難するばかりで上手に使う人は少ない。

3　部下に騙されるな

①組織ぐるみのウソ

騙すということは、ウソをつくということである。ウソの言葉はいつか破綻するが、それを知りながら多くの人はウソの誘惑に勝てない。

ウソをつく動機は、保身のため、認めてもらうため、隠蔽するためなどだ。部下はいろいろな場面で本能的にウソをつく。このウソが見抜けるかどうかが組織のトップとしての器となる。総じて、組織のトップになる人は、ウソを見抜ける力を持っている。

部下は自分の企画案を通すためにほんの少し都合の良い脚色をすることがある。上司は間髪を入れず「ちょっと待った」「君の言うことは、ここがよくわからない」と正すことができると、部下のほうは警戒して二度と甘いストーリーは書かなくなる。これを見過ごしてしまうと、どんどんエスカレートしていき、あなたの命取りになることさえある。

部署ぐるみのウソについては、頭領としての力量を試されていると思って、勘を研ぎ澄まさねばならない。たとえば、シェアと前年対比、価格と売上高、設備投資における限界利益論など、あらゆるところで自分の部署を守るためにウソをつく。どれもこれも一つ見逃すと経営の根幹に関わることであるが、一番注意すべきウソはコンプライアンス違反である。これは会社自体が存続の危機にさらされるので、チェック機構をしっかりさせて防衛しなければならない。

②始末が悪い個人的なウソ

ここまでは公的なウソだが、個々人のウソも横行する。

「部長ここだけの話ですが」という部下のセリフには注意が必要だ。ここだけで済めばよいが、尾ひれがついてウソが真実として一人歩きを始め、場合によっては犠牲者が出たりもする。こうなると組織はもろいもので、個人が発した一言が、組織を揺るがす問題に発展する恐れもある。管理職は真贋を見抜く目を養わなければ命取りになる。

もっと深刻なウソは、部下の犯罪である。詳細は六章で説明するが、社内における犯罪は詐欺まがいのものから重大なものまで多く起こる。巨額な横領事件だと会社が倒産してしまうケースさえある。

組織の中に犯罪者が出た場合、その上司たる者は結果責任を負わなければならない。前途有為の人が連座して失脚する例は多い。確かにとんだ災難であり不運であるが、管理職は組織を守るために非情な立場に立たざるをえない。

部下を信頼しなければ仕事はできないが、チェックシステムがない場合やチェックする人がいないときは、直属の上司であるあなたが、定期的にチェックすることをすすめる。犯罪は、すべて当事者本人の責任であるが、監督責任のあるあなたが見逃したり、組織がまったく無防備であったりすれば、犯罪の温床になるので、責任の一端はまぬかれない。

4 逃げるが勝ち

「三十六計逃げるにしかず」――どうやっても分が悪いと思ったら、あれこれ迷うよりも機を見てその場は逃げ出し、再起を図るがよい。

中国の兵法書には三十六の戦法が書かれているが、そのなかでも、逃げて身の安全を図ることが最上の方法であると説いている。

常勝はありえないのだから、負けたときの対処の仕方を常に頭に入れておかなければならない。

私はここまで「逃げない」を大前提に話を進めてきた。それは、真っ正面から取り組めば負けるはずがないのに、無為無策のまま問題から回避する人たちへ述べている。しかし、戦う場においては逃げることも念頭に置く必要がある。見切るときのタイミングを失うと、玉砕してしまい、再起不能の痛手を負うからである。

戦国の武将を描いた時代劇では、「もはやこれまで」と潔く死んでいく場面を見るが、信長も、相手の光秀も、逃げおおせなかったに過ぎない。片や、家康などは逃げ延びて、再起の時を待ったから大成したのである。

問題は、「もはやこれまで」と、いつ決断するかである。

株の世界で言う「見切り千両」。早まると、勝てる戦も勝てず、他人に手柄をさらわれたうえ信用を落とす。遅ければ万事休す。命を落とすこともある。何よりも難しいことは逃げるタイミングである。

組織ぐるみの決断は、連帯責任だから分散される。けれども対組織の場合は、自分が逃げたということを組織に知られないように責任回避をしなければならないので至難の技である。もしも逃げたことがわかってしまえば、信頼という財産を失うからである。

姑息な手段であるが、一つは徐々に主役の座から降りて、「オレがオレが」と自己顕示欲の強いライバルに座を譲っていく。気がついたときには、自分はいつの間にか、そのプロジェクトからは消えているというのがいい。

もう一つは、収集策に活路を見いだす方法である。脇役であればいくらでも逃げられるが、提案者であり責任者である場合は、潔く詫びて全力で収拾にあたることによって、被害を最小限に食い止めることができる。いわば、「肉を切らせて骨を断つ」という最後の手段であるが、終わり良ければすべて良しだ。運が良ければ、端から見ている人が、決断の良さに驚き、潔い態度に好感を示し、手際の良さに拍手を送る。「禍転じて福となす」で、以前より信頼が高まる例さえある。

どっちの方法を取るかは一概には言えないが、玉砕するまでやり通すことが良いわけではなく、いずれにしても逃げることは大切な知恵である。

5 勝ち馬に乗る

ついている人は、どこにでもいるものである。そんな人は、何をやってもうまくいく。端で見ていてもうらやましいくらいにうまくいく。

あなたが、ついていないと思ったら――つまり、努力している割には思うようにいかない場合には、運気のある親分につくことである。

組織のなかだと自分の願いどおりの上司を選ぶことはできないが、そんな人を物色して近づき、彼に認めてもらって引っ張ってもらうように努力することが賢明な方法である。

テレビでラスベガスのカジノシーンなど見ていると、ついている勝ち馬に乗って張っていく場面があるが、まさにあれである。

逆の上司の場合は、できるだけ早く離れる工作をしなければ、上司と心中になりかねない。もっと露骨でえげつない方法として、手柄を横取りしてしまうやり方が昔からある。学者の世界や技術関係などでは珍しいことではないそうだ。

横取りするほうは、ライバルに協力している振りをしながらいつの間にか主導権を握ってしまう。まわりも気づかないほど巧妙な手口である。なかには、自分自身が積極的に参加しているうちに、罪悪感もなく、いつの間にか主役の座を奪ってしまう者もいる。

もう少し上手なやり方は、「プールサイダー」（『日本人とユダヤ人』の著者イザヤ・ベンダサンの言葉）といって、自分では冷たいプールには入らないで、泳ぎ手に指図したり命令したりしている人がいる。成功しそうもないとわかると、いつの間にか消えてしまう。うまくいくと思えば、大声で叱咤激励して自分の指導のお陰にしてしまう。

こういった人たちは、この手のやり方が習性になってしまい、二度三度と繰り返すので、しまいには馬脚を露わし、誰も信用しなくなる。時間の問題であって大物にはなれない。

6 外に友を持つ

「その人を知らざれば、その友を見よ」――『史記』にある言葉だ。

確かに、その人物からはちょっと想像できない、すごい人を友人に持っている場合がある。

また、数からいって顔の広い人がいる。いつの間にこんなに友人を作れるのか感心するくらいに、彼のまわりにはいろいろな人たちが取り巻いて騒がしい。

しかも同業者にも友人がいて、営業マン同士なのでライバルのはずだが人気がある。そのほか、職種がそれぞれ違う人たちが多いという特色もある。

そういう人は、とにかく人の懐のなかへすっと飛び込んでしまう。このとき相手の気持ちなどを推し量っているわけではなく、会いたいから扉を叩くだけなのである。すると相手もはじめは迷惑に思っても自然に彼のペースに乗せられて、いつの間にか友達付き合いをしている。そしてその友が友を呼びだんだん輪が広がっていく。保険や車の販売などのナンバーワンのセールスマンはこのパターンの人が多い。

このような人は別格だが、いろいろな友人を持てば、それだけで良い財産となる。

その反対に、人付き合いは悪いほうではないのに、あまり友人ができない人もいる。人気運は、理屈を超えたオーラのようなものが介在するのだろう。

前章で知識の小箱をたくさん持つことをすすめたが、「類は友を呼ぶ」の言葉のとおり、目指す方向が同じ人、同志たちが集まってくると自信がついてくるものだ。

なかなか簡単に友人を作れない人は、一人だけでもいいから信頼に値する人を持たなければならない。

どんな人でも人生の一大転機は来るので、そんなとき誰一人相談相手がいないとなると問題である。節目節目にいつもあたたかく応援しくれる人がいれば、それだけで安心だし日頃の仕事にも安定感が出る。

私も友人や知人、先輩、後輩に恵まれ、自然に仕事の友、敬愛する友、趣味の友、遊びの友、それもゴルフ、麻雀、酒、それぞれ相手は違うが棲み分けができている。もちろん、途中で意思の疎通がうまくいかなくなって別れた友人もいるが、幸いに悪い友には出会わないで済んだ。同じ友でも、悪友にめぐり会ったためにすべての人生をなくした人もいる。因果としか言いようがない。

最近思うことは、人生とは貸借対照表のようなもので、資産と負債のバランスがほどほどに保たれていれば、満足しなければならないと思っている。

本来なら、友人は文句なく資産の項目に入るはずであるが、それが負債のなかに入るとなると、プラスがマイナスになるのだから、財務体質はぐんと悪くなるのでご用心である。

その意味で友はいくつになっても損得勘定で計れない聖域になっているが、これからの生き方は資産である友を吟味するぐらいの冷静さがほしい。その意味で、あなたもたまには友人の棚卸しをすることをおすすめする。

7　リストラの対象にならないために

「リストラ」という言葉は、リストラクチュアリング（企業再構築）の略であるが、いつの間にか「人員整理」あるいは「クビ」といった意味に変わってしまった。日本ではあまり良い言葉ではないだけに、できれば使いたくない言葉の一つである。

しかし、リストラはこれからも当たり前に実行されるだろう。組織を維持するためには仕方のないことであり、組織の構成員はその候補に上がらないように日頃から防備するしかない。

何しろリストラは、組織の存続をかけて行われるだけに、数合わせのために、誰かが犠牲にならなければならないからである。

①有力な上司を得る

組織のなかで時めいているリーダーの部署にいれば、リストラ候補になる確立そのものが小さくなる可能性がある。しかし上司がやり手の場合は、前述の「2・6・2の法則」にしたがって、御輿にぶらさがっているお荷物の部下を整理して優秀な人材だけで固めるために部内のリストラをするぐらいのことは考える。有力な上司に仕えることは諸刃の剣である。したがって、これは誰にでも当てはまるキーワードではないことを最初に申し上げておく。

上司を選ぶといっても出会いの運に任せるしかないが、「この人こそ」と思える理想の上司がいたら、積極的に接近して彼の傘下に入れてもらう努力をしなければならない。努力してなれるものではないが、扉は叩かなければ開かれないのだから論を待たない。具体的な方法については「組織のトップに認められるにはどうするか」の項を読み返していただきたい。

しかし相手のあることなので、あなたがどんなに上司に惚れても、上司にも自分を気に入ってもらわなければ、この話は成り立たない。

また、いくら優秀であっても上司と相性が合わなければ、冷酷にリストラ候補第一号にされてしまう恐れがある。

この上司は頼りになると思ったら、あなたを理解してくれるかどうか事前に吟味しておく必要がある。ムリだと思ったら「君子危うきに近寄らず」で、近づかないほうが無難かもしれない。

②自分を磨き、使える資格を持つ

・常に学ぶ意欲

至極当然であって、議論の余地がない。議論の余地がないほど、あるいは誰でも知っている方法であるが、気がついたときには遅い人が多い。

読者の皆さんには釈迦に説法であるが、あえて言わせてもらえば、自分の担当の仕事に対してでさえも勉強する人は少ない。そのくせできない理由を並べ立て、行き詰まって悩んだりしている。悩む前に本屋に行けば、ある程度解決することができるのに不思議で仕方がない。

若いうちから頭角を現す人は、感性やシャープな頭脳を生まれつき持っているかもしれないが、学ぶことを厭わずコツコツと積み上げていることも事実である。

知恵や知識、情報をどのくらい持っているかで、仕事の質は決まってくる。知恵や知識の小箱は集まり出すと、情報と情報が接続し合ってどんどん増殖していく。この差が力の差になってくるのではないかと思う。

感性を磨くのと同じで、学習意欲や好奇心は、こだわりを持つかどうかで差がつく。頭の良し悪しではないというのが私の結論である。

・資格について

仕事に必要な資格は多岐にわたってあるが、即戦力になるのは国が決めた資格である。なかでも運転免許のように、その資格がないと仕事ができないものは必須であるから資格を取ることに疑問の余地はない。

次に、私が持っている「中小企業診断士」のような国家資格であるが、持っているからといって有利になるとは限らない。この資格を持っていなくても経営コンサルタントは誰でもできるし、企業内で持っていたからといって経営企画室に行けるわけでもない。極論すれば、持っていないよりも持っていたほうがよい程度である。

私が経営コンサルタントの資格に興味を持ったきっかけは、仕事のうえでたくさんの代理店や製造メーカーに対して信用管理が必要であり、そのためにそれら企業の経営診断をして常に的確に判断することを求められていたからだ。必ずしも資格は必要なかったが、勉強ついでに取得することにした。大学を出ていたが産業能率短期大学の夜間部に三年間通って卒業した経緯がある。

序章で述べたが、資格を取得したときに、ある官庁からスカウトされ、心が揺れたことを思い出す。四〇年前、転職がほとんどない時代にスカウトされたのだから、当時でも国家資格の威力はあった。

私の場合は組織を六五歳で去って経営コンサルタントとして独立したが、決心できたのもこの資格を持っていたからだと思う。このように資格を活かすことができた例は多くない。大方はペーパードライバーであり、銀行などと違って一般の企業内では直接メリットはないかもしれないが、それでも学ぶ姿勢を持つことは大切なことだと思っている。

志は必ず仕事に活かされるし、何よりも勉強癖がついているので、学ぶことや相談することが苦にならない。これが将来大きな見返りとなって返ってくるのでぜひ挑戦していただきたい。

③余人をもって代えがたし

この人がいなければ仕事の一角が成り立たないという例である。

たとえば、資材の購買部などという部署は、かなりの年季をかけなければ一人前になれないので、すぐ代替えがきくものではない。

こうした場合は、部下が無難に仕事をこなしていれば簡単に辞めさせることはできないから、仮にリストラがあっても除外される確率は高い。

経理なども過去にはその部類に入り、そのままエキスパートになっていったが、異動もしない変わりに昇進も部門内に限られるので地味な部署であった。現在はパソコンによって仕事の内容も変わり、余人でもできるようになった。
「余人をもって代えがたし」の称号は、コツコツと地道な努力をした結果、一つのことを極めることで得られる。この分野なら誰にも負けないという生き方であり、相応の忍耐と努力をしているのでリストラから免れるのは当然である。

このように身の安全を確保することはできるが、通り道が狭いだけにその部門のトップになるのは難関である。たとえば経理部長を目標に頑張っても、その直前に先輩が部長の席に座ってしまえば永遠にアウトである。

また、法務部とか特許部となれば専門職であり、部下を持たないケースもある。それこそ、余人をもって代えがたしで、どこかへ転勤したくても希望はかなわない。

世の中はあっちを立てればこっちが立たず、とかく住みにくいものである。

このように見てくると、エキスパートになることは、若いうちは認められてよいが、あらゆる可能性を求めて組織を昇ろうとする人に対してはおすすめできない。しかし、現在のように組織の力が強い場合には、安全確保の意味で確実性は高い。

④重宝がられる存在

前項の反対が「何でも屋」であり「便利屋」である。何でも無難にこなすことができ、ホームランは打てないけれど単打はコンスタントに打つ人である。

器用と言えばそれまでであるが、何でもご用命を預かる人は、性格的にも気軽で腰が軽く、イヤとは言えない人である。俗に言う「いい人」なので、千客万来で重宝がられる。これが、何でもできるが職人気質で無愛想、気むずかしいとくれば、便利屋にはなれない。

こんな人が組織にいると重宝なので真っ先にはリストラ対象にならないと思うが、リストラしやすい人としにくい人とを区別するとすれば、人が好いだけにリストラされやすい部類に入る。

つまり、仕事でも重宝がられるが、リストラ要員にもなりやすいので難しい。

何でも快く受けるのはよいとしても、メリハリのある仕事を心がけないと、利点が仇になってしまうので注意したい。組織を昇りたいという野心があってやっているとすれば、すべての仕事を受けないで、ある程度取捨選択してかからないと、ありがたみも持たれないし、インパクトにも欠けることになる。

便利屋のイメージが定着すると人格に重厚さがなくなり、薄っぺらな印象を与えてしまい、あなたよりずっと実力のない人に使われる羽目になる。

誠実に一所懸命やっていても報われるとは限らない。そこには認めさせる演出が必要になる。

⑤存在感を出す

・大きな声で話す

まず、存在感を出す一番手は、何といっても声である。

人に与える印象もあるが、「威風堂々」とか「恰幅が良い」とか「貫禄がある」「オーラが出ている」「威圧感がある」などといってもどうしていいかわからないし、受け取る人によって違ってくる。いくら存在感を出せと言っても、「態度がでかい」という言葉は、組織から見るとあまりほめ言葉でないことがわかる。態度が人に与える印象はその場の空気によっても左右されるので万人向きではない。その意味からすると、大きな声を出すことは誰にでもでき、受け取る側もわかりやすい。

声は、組織のなかで言葉を伝達する手段としてなくてはならないものであるから、大きな声の出し方から研究する必要があると言えよう。

総じて言えることは、声が大きい人は目立つし、比較的意見が通りやすい。

大きな声を出すと自分の考え方がしっかりしてくるし、発言の回数も多くなる。まわりの人も大きな声で話をされると内容いかんを問わず聞き耳をたてる。

また、プラス思考や積極性に富むというような、仕事に対しても前向きの印象を与える。かなり得な面があるので、できれば大きな声で話したほうがよい。

その逆に、主張すべきときに蚊の鳴くような声では、まず聞いてもらえないし、自分でも聞いてもらう自信を失ってくる。自分の頭のなかで言葉を反芻している時間が多くなり、意見を出すのも控えめになるので頼りなさそうに見える。すると、どうしても存在感が薄くなる。

どちらかというとマイナス思考の人は、思い切って大きな声で話す訓練をしてみたらよい。できるようになれば、恐らく性格も変わり、他人が見る目も変わってくるだろう。

話すときは、ほんの少しでよいから意識して声を大きくしただけで、かなり自分の人生観も変わってくると思う。まず、やってみることだ。

・肩で決まる

人の運は肩の形で決まるという。

そういえば、肩に関係する言葉を拾ってみると、「肩で笑う」「肩を並べる」「肩を持つ」「肩を入れる」「双肩にかかる」「肩の荷がおりる」などがあるが、「肩で風を切る」「肩をそびやかす」「強肩」「肩を貸す」と言えば、見るからに元気な肩、勇ましい肩、つまり運気がみなぎっているように感じる。

逆に運気のない肩の例としては、「肩肘張る」「肩をすくめる」「気落ちした肩」「しょんぼりした肩」などが挙げられる。

否応なく年を感じさせる肩は、四十肩、五十肩である。身体というものは、このようにそのときの気運を自然に表しているので恐ろしいものだ。

他人から見て、あるいは組織から見て、内面だけでなく、姿勢そのものから判断されることが多いので注意することも大切である。

たまには自分の後ろ姿を他人に見てもらって、現在の自分の状況を判断することも大切かもしれない。そして、姿勢をプラス型ないしはアクティブ型に矯正することによって人生を変えていくのである。

⑥好感度を発信する万能薬「ホウレンソウ」

ホウレンソウ――つまり、報告、連絡、相談については第二章に詳しく述べたが、その威力はどんなときも、どんな年齢層にも、どんな職位の人に対しても効く万能薬である。それだけに、組織に潰されたり、組織に弾かれたりする人は、たいていこのホウレンソウができていない。

私は長い間宮仕えもしたし、組織のトップになった経験もあるし、顧問会社を客観的に観察する機会も多い。このホウレンソウさえきちんとできれば、あらゆるとき、あらゆる人に対して、いかなる場面に遭遇しても大丈夫であることを申し上げたい。

もしも、あなたが組織に対して不安感を持っていたり自信を喪失していたら、このホウレンソウを徹底的に意識して実行したら必ず脱却することができる。また、他人の見る目も変わってくる。

ただし、報告なら報告の仕方について掘り下げて勉強することが条件である。

相談にしても、日頃信頼できる相談相手がいなければ、そこから始めなければならない。それぞれのノウハウについては、第二章で詳しく説明したので再読していただきたい。

② それでも窮地に追い込まれたら

1 過ちの認め方

①素直に認める

「君子の過ちは日月《じつげつ》の食のごとし」――『論語』の言葉である。

範となるべき人が、たとえ小さなミスでも犯すと、日食や月食のように珍しがって誰もが仰ぎ見る。人の上に立つ者は、常に下の者から見られていることを忘れてはならないという意味である。

ここでは、君子を、組織またはトップリーダーと置き換えて考えてみる。

とかく毎日のようにテレビで組織の幹部が頭を下げている光景が見られる。たいていは組織ぐるみの隠し事や法令違反といったことであるが、隠しきれなくなって世間の糾弾を招いた結果である。

たまに救われる例としては、パナソニック電工（旧松下電工）の欠陥商品や、クボタのアスベスト問題など、企業が自ら名乗り出て巨額の資金を投入して回収、補償を申し出ている。パナソニック電工のファンヒーターのリコールでは、耳にたこができるくらいテレビや新聞などで「お詫び」と「回収」を聞いてきたが、あれだけやられれば、「もういいよ、さすがに松下だなあ」と賞賛の言葉に変わってしまう。

意地の悪い見方をすれば、日頃からどうせ莫大な広告費をつぎ込んでいるのだから、消費者に良心的な企業というイメージを売り込むことができれば一石二鳥になる。あまりの見事さにそう勘ぐってしまうほどであり、文字どおり「禍を転じて福となす」「塞翁が馬」である。

これは組織のトップリーダーにも言えることである。

困った場面に遭遇すると、何とか隠しおおせる方法はないかとあがくが、隠せば隠すほど穴が大きくなってしまい、収拾がつかなくなる場合が多い。長い人生、伸るか反るかの危険な目に遭うことは二度や三度ではない。組織を昇れば昇るほど、危険度の度合いは高くなる。発覚したときのことを考えると、自らきれいさっぱり謝ってしまったほうが確率的に軽傷で済む。

犯した過ちの度合にもよるが、大きな罪ほど早く告白し謝罪するのがよい。だが実際となると、そう簡単に「悪うございました」とは言えないものである。逆に罪が大きければ大きいほど、少しでも軽くなるように虚偽の告白をして、いっそう社会から糾弾される例が多い。

たまには、黙ったままで何とかなる場合もあるだけにやっかいな選択である。

②時間に余裕のある場合

まず謝るかどうかの判断は、運を天に任せて様子を見るのも一手である。

あまりジタバタしないで、情勢を見極めてからでも遅くはない。そのうちに神風が吹いて環境が一変するかもしれない。ミスの軽重度、タイミング、自分の立場など、いろいろな観点から考えて、どのような形で収拾するのが一番の得策かを熟慮することが大切である。

とにかく、その場の雰囲気に飲まれ、ドンキホーテを買って出るお人好しにならないことだ。この場合のキーワードは「落ち着いた処理」である。

③何とか収まりそうな場合

次に、何とかなるかもしれない程度のときは、できるだけ損害を少なくしてカムバックする方法を考えなければならない。

まず、信頼できる人、それも時の実力者に甘える方法である。

この方法は、常日頃から、信頼できる上司、甘えれば一肌脱いでくれる人が身近にいることが前提である。最大の防御は、ここ一番のときに助けを求めれば飛んで来てくれる人がいるかどうかで決まる。それも、ただ好意を持ってもらっている程度では頼りにならない。

実力者に助けを頼むときには、「ここで頼めるのは、あなたしかいない。どうか助けてください」と率直に懇願することである。頼み事はただ一筋、あっちにもこっちにも安全牌を持ってはいけない。

また、話すことはすべて真実でなければいけない。後になってウソだとわかれば相手の顔に泥を塗り、生涯最強の敵を作ってしまうことになる。

人間は、頼りにされたり涙で頼まれたりすると、よほどのことでない限り味方になってくれるものである。少なくとも敵に回って首つりの足を引っ張るようなことはしない。うまくいけば減刑に奔走してくれるかもしれない。

あとは運を天に任せてご沙汰を待つしかない。

2 「辞めろ」と言われたら

長い会社人生、耐久レースであるから、エリートコースを歩いていると、時に上司の怒りをかって二度や三度「辞めてしまえ」と言われることはある。

仕事中にはずみで「辞めろ」と言われたら、しぶとく生き抜くしたたかさと執着心が必要である。だが、意外にもろくポッキリ折れてしまう人や、誠にあきらめのよい人がいる。本来、こらえ性がないのか、反射神経が良すぎるのかわからないが、惜しいと思うときがある。絶体絶命のピンチになったら、起死回生の一打を考えるしぶとさがなければ組織の中では生き残れない。

こんなときは情に訴えて甘える方法が意外に効果を発揮するものである。弁解や泣き言をつべこべ言わず、まずは「申し訳ありませんでした」と詫び、後はひたすら涙を流すくらい切々と訴えるのだ。涙は女の武器と決まったものではなく、強い男ほど涙を見せることを覚えておきたい。

ただし、涙の裏に「したたかさ」が見えてしまうような大根役者では使えない。逆効果となり、日に日に居づらくなるだけだからだ。

第四章で、組織のトップは時には冷酷にならなければ組織を維持できないと述べた。しかし、現実にはかなり曖昧な裁きをする場合が多い。組織のトップと当人との関係によって、つまりは情の尺度によって判決が左右されることがある。

私が言いたいことは、「泣き落としが通用するような甘い世の中ではない」などと言って一笑に付す人がいるが、少し世の中がわかっている人なら単純明快な手法が意外に良い結果を生むことを知っている。

①寄らば大樹の陰

一つの例を紹介しよう。

ある子会社の社長が業績の悪化を食い止めるために株をやって補填しようとした。結果は大損をして何倍かの損失を出した。

親会社の社長は、自分の子飼いの部下であったので極刑にするには忍びがたく、何とか救う道はないかと思った。そこで、子会社の取締役会議事録に個人的思惑でないことが記されてあったのを見て、それを理由に子会社の社長は減給で終わらせた。その代わりに直接の担当者であった経理責任者を辞任に追いやり、俗に言う「トカゲのしっぽ切り」で幕を閉じた。

しかし、議事録に記されているとしても、第一に株で赤字を補填するという議案そのものに問題があるのであって、ましてや巨額の損失を出すに至っては情状酌量の余地はない。これ以上は憶測に過ぎないが、そもそもこんな議事録があったかどうか、その存在すら怪しくなる。

さて、ここから学ぶことは、このような絶体絶命の状況に置かれたとき、上司の力いかんによって生死が分かれるということである。人との出会いは運とも言えるが、運だけでは片づけられない恐ろしさがある。

いざというときは寄らば大樹の陰であり、力のないトップの下で威張っていても危機のときには役に立たない。

②改めて賞罰規定を読み返せ

さて本題であるが、第四章でも述べた賞罰規定をじっくり読み返すことをおすすめする。どの会社の賞罰規程を読んでもたいして変わらないが、けっこう些細なことで罪に問われることがある。失脚させたり左遷したり、誠に都合の良いツールである。

しかし、第一章の「組織を学ぶ」の項に掲げた諸葛孔明の「泣いて馬謖を斬る」の言葉は、言うまでもなく、組織を守るためには誰であれ公平に扱わなければならないこと、組織を維持するためには規律を守らなければならないことを教えている。組織は時に冷酷でなければ内部から崩壊する。

また、罰則は重くすればよいというわけでなく、必ず行うことが大切である。

あなたは、罰則などは無縁だと自信を持っているかもしれないが、どんな陥穽が待ち受けているかもわからないのが人生である。「自分には関係がない」などと思わないほうがよい。

たとえば、同じ解雇でも諭旨解雇と懲戒解雇では大変な違いがあることをご存じだろう。諭旨解雇は退職金が出るぐらいのことは知っておきたい。

もっとも「懲戒解雇ではなく、せめて諭旨解雇にしていただきたい」などと嘆願するような事態になれば万事休すである。

3　過ちを犯したら速やかに改めよ

「過ちて改めざる、これを過ちという」と『論語』にある。失敗したら、とにかく恭順の意を込めてひたすら謝るしかない。

人間誰しも過ちはあるが、事後の振る舞いいかんで評価が決まる場合が多い。

まず、気が小さい人間は何とかして失敗をごまかせないかと考えて、見え見えのウソをつく。逃げてばかりいるずるい人間は、失敗を部下のせいにできないか考える。野心満々の人間は、ここで失点しては大変とばかり、失敗したがあの場合は仕方がなかったことを力説して自分から謝罪はしない。どこかの国では自動車事故を起こした場合に、裁判で不利にならないために、どんなに自分が悪くても決して「すみません」と言わないそうである。こんな人は、あまり言い訳をすると上司の反感を買うことになり、ミスのお咎め以上に「信頼」という資産を失うことになる。

偉くなる人間は、叱責を免れないと判断したら、「すみませんでした。すべては私の責任です」と潔く謝る。後は誠心誠意全力をあげて、事後処理にあたることは言うまでもない。これがベストである。

会社のクレーム処理もまったく同じで、処理いかんによっては以前に増して信頼が深まったりする例が多い。まさに「禍を転じて福となす」である。

4 「言い訳する人」のイメージが定着すると致命傷になる

言い訳をしない人はいない。また、どうしても言い訳をせざるをえない場合がある。特に営業職の得意先とのやりとりは「言い訳」が日常茶飯事であると言ってもよいくらいだ。

ここでは、組織内における言い訳について触れてみたい。

常に言い訳をしている人がいるが、言い訳は責任回避の手段であり、マイナスの印象しか与えない。「不注意」「技術の未熟さ」「思い違い」「勉強不足」といった自分の至らなさを告白しているようなものだ。「言い訳おじさん」のレッテルを貼られたら、組織からつまみ出される恐れがある。

たまには失敗の原因が外部環境にある場合もあるが、そのときは表現方法に気をつける必要がある。客観的、理論的に失敗の理由を述べて、上司の判断を仰ぐことである。主観や情感を入れてくどくどと説明すると、言い訳にしか受け取られない。

始末が悪いのは、自分では言い訳と思わないでいる人だ。しまいには自分は被害者であるとさえ思い込むらしい。上司が怒って当然である。犯罪者のなかには、否認しているうちに本当に自分は無罪だと信じ込んでしまう人間がいるそうであるが、これに似た現象は一般人でも起こる。

とにかく言い訳は見苦しく、習慣化しやすい。上司からは信頼を得られず、部下から軽蔑される元になる。言い訳をするときはくれぐれも注意して、見透かされないように頭を使わなければならない。

ちなみに、自分は言い訳をする人間だと思われているかどうかを知りたいならば、女子社員に聞くことである。その際は食事にくらい誘わなければ本音は聞けない。何事も自分の資産を増やそうとすれば投資をけちってはいけない。

3 誰にもある挫折

どんなに順風満帆で昇りつめた人でも、途上において逆境にあったり挫折したりした経験は持っているはずである。

ここではちょっとした仕事の失敗や上司との折り合いが悪く干されたなどという軽微なものではなく、人生設計が狂ってしまうほどの大事件が起きたときに、どのような態度に臨むか考えてみたい。

私も「もはやこれまで」と、覚悟を決めたことが何度かあったが、その体験を踏まえて触れてみたい。

挫折の原因は大きく分けて三つあると思うが、一つは明らかに自分のミスで組織に多大の損害をかけたとき、二つ目は一番の勝負所で上司との出会いが悪くチャンスを逸したとき、三つ目は自分の力では如何ともしがたい原因で断念せざるをえないときである。

自分の仕事上で失敗した場合は、程度にもよるが責任をとることになる。最悪の事態であるが辞任することをもって責任をとるしか方法がないときは、潔く切腹せざるをえない。あとは、今まで培ってきた人脈をたどって別天地で活路を開くことになる。この場合はいかに割り切るかが問題であって所詮は自らが原因であるから悔やんでも仕方がない。ショックが大きければ大きいほど、悔恨の情、悔しさや恨みつらみ、未練や屈辱感といった後ろ向きの意識から少しでも遠ざかる努力をすることだ。ここで負けてしまっては人生の敗残者の仲間入りをしてしまう。諦める精神力しかないが、当人にとっては「そんな一言で癒されるなら悩みはしない」と聞く耳を持たないだろうが、どんなに悔やんでみても過去は返ってこない。他人の私は「それがどうした！　悩みたかったら気が済むまで悩んだらいい！」と突き放すしかない。つまり自己責任で立ち直ることを祈るばかりである。

次に、人は出会いによって幸せにも不幸にもなるが、取締役就任を目前にして後一歩のところで社長が代わってしまったりする。日頃から虫が好かない相手だったり、仕事の上でうまくいかなかったときの上司だったりすると万事休すである。

自分の不運を嘆くほかないが、職を辞するような事件ではないのだから、まったく閉ざされたわけではない。本書で書いた数々の処世術で起死回生の努力をしていただきたい。しかし現実には、ライバルだった仲間が選出されたりすると悔しさのあまりアウトサイダーに変貌して、酒におぼれて身を崩したりする人が出てくる。こうなったらエリートどころか負け犬のレッテルを貼られて、表舞台から消えることになる。ここで一番大切なことは「逃げないで真っ正面から取り組む」ことである。結果的に望みを絶たれても自分に対して悔いが残らないように懸命に努力したいものだ。このような態度で取り組んでいれば元々有望株なのだから、見ている人は買ってくれる。時が味方してチャンスが巡ってくるかもしれない。

最後に三つ目の自分の力では御しがたい環境に置かれた場合である。たとえば合併というドラマによって筋書き通りにいかなくなったり、自分の失敗ではないが、公害問題などで会社の犠牲になって詰め腹を切らされることもある。

当事者にとっては、人生設計が狂うわけだから不運と一言で片づけられないが、アドバイザーの立場からすると、できるだけ早く気持ちを切り替えて、次のステージで頑張っていただきたいとしか言いようがない。

私の例で恐縮であるが、関係会社に転出したとき、いつまでも過ぎ去った過去にこだわらないで、新しい生き甲斐を見付けようと心に決めた。はじめにしたことは、これからは秘書など付かないのだから、すべて自分で処理しなければならない。まずパソコンを操作できなければ仕事にならないので、翌日から取り組んで一週間で習得した。

会社の大小はともかく社長ともなれば一国一城の主なので、「俺が経営する限り社員の給料を今までより上げてやろう」と誓い、業績の向上を第一目標にした。

目標さえ定まればあとは努力あるのみである。その甲斐があって万年赤字会社を半年で黒字にし、以後在任中一度の赤字も出さなかった。その間に成功の体験を一冊の本（『当たり前から始めてみよう！』同友館）にまとめて出版したことから、念願かなって経営コンサルタントになることができた。

あのまま会社に残っていたら多少の自己満足は得られたかもしれないが、今のように七〇代半ばにして第一線のコンサルタントとしてお役に立つことはなかっただろう。

私の人生の途上で**「人間万事塞翁が馬」**の言葉ほど身近に感じる諺はない。

挫折をしたらできるだけ早く気持ちを切り替えて、次の人生に向かって全力で取り組めば、新しい道が開けると言いたい。気持ちの持ちようでタフに生きれば、人生は捨てたモノではない。

最後に、過去に挫折しそうになったとき、座右の銘にした『荘子』の言葉をお送りしたい。

「不将　不迎　応而　不蔵」

不将（送らず）過ぎ去ったことにいつまでもくよくよしないで
不迎（迎えず）先のことをあれやこれやと取り越し苦労しないで
応而（応じて）眼前の現実に逃げないで、持てる力を出し切って、正々堂々取り組めば
不蔵（蔵せず）心に残すことはない、つまりさらっと忘れてしまう

第六章

見えない落とし穴にはまるな

キャリアアップには落とし穴がつきまとう

望みどおりの地位まで到達した人は、よほど運が強い。謙虚にご先祖様に感謝するとよい。そんな気持ちを持つとツキも長続きするものだ。

一方で、前途有為な若者が、颯爽としたエリートが、頂点を目指していた役員が、ふとした出来心から、あるいは拒否できない立場に追い込まれて、いろいろな犯罪やトラブルに巻き込まれて落ちていく。

ほとんどの人は自分だけはありえないと思っているが、いつの間にか犯罪に手を染めてしまい、後で後悔しても始まらない場合が多い。「オレだけは大丈夫だ」などと思い上がっていることが、そもそもの間違いであって、見えない力であなたを引きずり込む魔物がいるのだ。まず、この事実を知ることが禍から逃れる術である。よく「魔が差した」といった表現で取り繕う人がいるが、犯罪を犯してしまった後では通用しない。

この第六章については法律が関係するので、私の独断で書くことは許されない。専門家の知識をお借りし、私の体験を交えて解説する。

（参考図書：『会社経営の法律知識』自由国民社）

1 ビジネスマンが犯しがちな犯罪
――前途有為なあなた方へ

1　集金の着服

営業マンは品物を売り、集金まで責任を持たされている。金額が張る商品だと、必ずしも現金ではなく、手形や小切手の場合もある。集金が手形などになると、個人では扱えないほど巨額になるので、会社側も慎重になる必要がある。しかし、たいていは何事もなく平穏無事に済んでいるので気にも留めないが、将来、犯罪が起こらない保証はない。

私は今までの経験から、経理マンに銀行印を預けるのも、営業マンに巨額の集金をさせるのも、会社側の無防備な管理体制に問題があるという考えである。

人間誰しもいろいろな環境に翻弄されて生きているので、誰も見てないところで「自制心を働かせろ」と言っても無理なのかもしれない。

自分の手に余る金銭的な問題を抱えていたり、甘い誘惑に負けたり、ギャンブルに凝ったり、「今度だけで、以後絶対やらない」と心で誓いながら集金した金を寸借する。一度目や二度目はすぐに返しても、そのうちに返すのが賞与時になり決算期になり、とエスカレートしていく。気がついたときには、返せない額になっているのがお決まりのコースである。

①拐《かい》帯横領

集金した現金や小切手を着服することである。これが一番多いケースである。

営業マンは会社から集金の権限を与えられているだけで、集金したと同時にその金は会社の所有となる。したがって、他人の物を横領したことになるのである。横領罪は一〇年以下の懲役が科せられる。

②集金詐欺

退職した人が集金人を装って領収書などを使って集金する犯罪である。あらかじめ持ち逃げするつもりなので詐欺罪になる。刑罰は横領罪と同じ一〇年以下の懲役である。

③継続的な横領

集金の一部を着服して、後で次の集金から埋め合わせて戻し、次々と続けて横領する犯罪でである。集金から五万円取って五万円を戻すやり方を続けていると、自転車操業のようなもので実害は五万円のように思うが、刑罰としてはその都度に横領罪が適用され、一〇回やれば五〇万円というように罪は非常に重くなる。

最初に解説したように、戻しておけばいいという都合の良い解釈をしがちであり、戻せば罪は帳消しになるという思いから次々と罪を犯すわけである。

当たり前のことだが戻せばよいという類のものではないし、自分に負けてどんどん金額は増えていく。そもそもコンスタントに一定額で抑えられるほど自制心があれば、こんな犯罪は起こさないはずである。

2　横流し、水増し、その他の犯罪

①倉庫の品物を無断で持ち出す

製造工場や修理工場の倉庫には多種類の部品が保管されている。それを無断で持ち出して横流しをする不心得者が跡を絶たない。

課長など保管管理責任者が持ち出した場合は業務上横領罪になる。また、保管管理の権限を持たされていなかった一般社員の場合は窃盗罪になる。

②出張費の水増し請求

手っ取り早い小遣い稼ぎとして、出張費の水増し請求がある。

かつて、安売り航空券や回数券を購入して会社には正規の旅費を請求し、差額をいただくことも行われた。交通券の安売りショップが出はじめた当時は社内規定違反ではなかったからだ。現在は、会社側が安売りの交通券を買って支給するようになった。

こうした出張費の水増し請求の場合、経理マンなどでは業務上横領罪となり、資金管理を業務としてない社員では詐欺罪が成立する。いずれにしても少額であれば会社から訴訟されるようなことはないが、発覚して処罰されると、それに匹敵するほどの代償を支払うことになる。

まず上司や同僚から軽蔑されるし、「信用」という最高の資産を失うことになる。みみっちい犯罪であるが、みみっちいどころの代償では済まされないので誘惑に負けないことである。

③企業秘密やノウハウを流す

研究成果や製造上のノウハウなど、競合社にとっては喉から手が出るほど欲しい情報がある。それだけに国際間では産業スパイの暗躍などが起こる。

そんな国際的な規模でなくても、他社から金品をもって誘惑されたり、自社に不満を持っていたりすると恨みや腹いせに秘密文書や資料を流したくなる。

文書を占有していない一般社員が秘密文書を盗み出すと、横領罪ではなく窃盗罪になる。文書の管理責任者であれば背任罪も適用される。

しかし、秘密文書をその場で読んで記憶したりメモしたりする場合は、刑法上では窃盗にも横領にもならないそうである。改正案も出ているようであるが、企業の不正行為に対する内部告発を萎縮させる副作用もあり、道は遠いと聞いている。

④コンピュータによる犯罪

今や会社の大小にかかわらず、情報のＯＡ化は当たり前になっている。オンラインシステムによりボタン一つで瞬時に粉飾決算も秘密文書の盗用も可能になったため、コンピュータによる犯罪も増えている。

秘密文書を盗み出そうと思ったら、以前であれば図面や写真など膨大な資料をコピーに取らなければならず大変な手間ひまがかかったが、現在はどんなに膨大な資料でも、相手のパソコンに簡単に数秒で送れるようになった。また、文書の改ざんや抹消も思いのままにできる。

苦労しないで簡単に送信できるので罪悪感も薄くなっていることが想像される。こうなると防衛するほうがはるかに大変である。

・電磁的記録不正作出罪

「電磁的記録」とは、ハードディスクやＣＤ、ＤＶＤなどに蓄積される、権利の発生や変更、消滅の証明に関する記録などといった法律上重要な記録を指す。他人の事務処理を誤らせる目的で、事務処理をする権限がない者がそうした記録を作出すると罪になる。

・電磁的記録毀棄《きき》罪

電磁的記録不正作出罪と同様に、電磁的記録を破壊したり不正に消去したりすると、罰せられる。

小泉政権下で金融庁の顧問を務めた後、日本振興銀行の元会長であった木村剛が、コンピュータデータの抹消を命じた容疑で二〇一〇年に逮捕された。

まさに電磁的記録毀棄罪である。

余談になるが、彼の著書などを読むとあれほど金融に精通している人は滅多にいないと思う。しかし、自分の目的のためには法的に禁止されている行為であっても日常的に行い、そのうえ身に危険が迫ると「私は知らなかった」などと政治家と同じセリフを吐く。こんな見え見えの犯罪を犯して隠しおおせると思うこと自体が異常である。彼は恐らく今になって「なんて馬鹿なことをしたんだろう」と悔やんでいるに違いない。

人間とは誠に頼りないもので、渦中になると自分を見失ってしまい、墓穴を掘るのだから恐ろしい。

私が本書で例題を出すときに「皆さんは自分には関係がないと思われるでしょうが」と注釈をつけるのは、超一流と称される人でもその場になると、常識では考えられないことを平気でするからである。決してあなたも例外ではないのである。

⑤不正振り込み等の犯罪

近年、インターネットバンキングのお陰で、いちいち銀行に行かなくても済むようになった。忙しい身にとっては、銀行まで行かなければならない煩わしさから解放されて大助かりである。ただし、自分のお金を別な口座へ移すだけなのに、一年分の利息以上に手数料を取られることもあるのが癪である。

居ながらにして送金などをしていると、はたしてこんなに信用してしまって大丈夫だろうかと不安になることがある。現に、振り込み詐欺や暗証番号を使って、他人の口座から不正に金を引き出す事件は跡を絶たない。

ところが管理する側の銀行員が不正の入金データを入力することによって、一定の預金債権が存在するような記録を偽装すれば、事実上全額について自由に処分できる。

この場合、電子計算機使用詐欺罪として処罰される。

今のご時世、お金を預かる立場にある者が盗みを働くのだから、落語のように「中から心張り（つっかい棒）を交《か》いねぇ」と言いたくなる。

2 中堅社員が陥りやすい犯罪例
――自分には関係ないと信じているあなたへ

将来は役員と目されていた人が突然、表舞台から消えることがある。人間の持つ煩悩に負けて、つまらぬ罪を犯して失脚していく例を私はたくさん見てきた。本人はほんの出来心で軽い気持ちだったり、このくらいは許されるだろうと法を犯したり、自分に甘い場合が多い。発覚して賞罰委員会にかけられて判決が下され、初めて取り返しのつかないことを思い知る。知ったときはすでに遅いのである。

1　企業秘密を漏らすと

技術革新が熾烈な現在、国単位で技術開発に血眼になっている最中では、産業スパイが横行するのは当たり前である。そんな高度な技術でなくても競合社の経営のノウハウや決算状況、毎月の業績検討会の資料を見るだけで弱点を知ることができ、良いところは参考にして勝てるチャンスが生まれる。

組織の中堅ともなると、たいてい会社の企業秘密やノウハウを管理する立場にある。彼らが仕事で恨みを持って会社を見返したいと考えたり、私生活でトラブルがあって金銭的に困っていたりすると、つい誘惑に負けてしまい、企業秘密を流したり売ったりする事件が起こる。

これは明らかに犯罪であり、次の罰則規定がある。

①部課長自身が占有している書類や図面を持ち出した場合には、業務上横領罪になる。
②部課長が、他人の書類や図面を持ち出した場合には、窃盗罪になる。
③図面や書類以外、たとえば現場を写真に撮るとかメモをするとかした場合、保管上の義務を負っている者は、会社に財産上の損害を与えた行為により、背任罪が適用される。

ただし保管責任者でない場合は、刑法上は罪に問われないが、民法上や就業規則違反では罪に問われる。そこで刑法の改正案では、正当な理由がなく、生産方法や企業の秘密を漏らした者は処罰されることになった。

2 自分のために手形を振り出すと

たいていの会社は、手形や小切手を社長名義で振り出しているが、実際の事務処理は経理課長や部長が行っている場合が多い。たまたま、その担当者が女や酒におぼれたりギャンブルに手を出して大損したりして金に困ると、つい一回だけと思って抜き出したりする。

一回が二回になり三回になりと、一度味をしめたら麻薬のようなもので、発覚するまでやるようになる。結果、懲戒解雇のうえ刑務所に入ることすらある。

私が経験した事例を紹介しよう。創業当時から社長と共に働いてきた経理部長は、たまたま社長が母親の看病のために一カ月ばかり病院通いをするので、仕事に支障がないようにと銀行印を預けられた。経理部長はある男と組んで融資という形で総額三億円の手形を横流しした。経理部長は誰が見ても謹厳実直を絵に描いたような男であったが、彼の白昼堂々の犯罪の結果、会社は倒産してしまった。

そのときつくづく思ったことは、会社のチェック体制がまったくできてないなかで金を取るなといっても無理なことである。犯罪者はもちろんだが、杜撰な経営者にも責任の一端はあると痛感したことを覚えている。それ以来、私は講演やセミナーをするたびに、「銀行印は造幣局であり、人に預けるな」と言っている。

さて、その罪状は次のとおりである。

①会社の部課長に手形や小切手の振り出しの権限は与えておらず、単なる事務作業をやらせているだけの場合であっても、小切手が第三者に渡れば有効なので、有価証券偽造罪の罪に問

われる。また、この手形を使えば偽造有価証券行使罪になり、この手形を使って物品を買ったりすると詐欺罪が成立する。

②部課長が手形や小切手の振り出しを一任されており、自分のために使った場合には、背任罪を犯したことになる。

③部課長が集金してきた手形や小切手を抜き取って自分のために使った場合は、業務上横領罪が適用される。

いずれも、三年から一〇年の懲役刑が科されるので、正真正銘の犯罪者になってしまう。

3 リベートを受け取ったら

会社の物品購入を担当している購買係や庶務課の用度係が、業者から便宜を図ってくれた礼としてリベートをもらう場合がある。

こうした場合、役員や支配人、または特別な事項の委任を受けている者は、その職務権限に属する事柄なので、収賄罪が適用される。

物品購入の担当者は、会社のために誠実に任務を行うべきなのに、私欲のためにリベート分だけ会社に損害を与えたことになり、背任罪となる。

いずれにしろ、リベートの額が小さいときは刑事事件にはならず、会社の服務規律違反に問われて懲戒処分を受けることになる。

懲戒処分までいくと、組織からは抹殺されたと同じ制裁が加えられ、再起は難しい。安易な気持ちでリベートを受け取ったり要求したりすると、はした金で人生を棒に振ることになるのでまったく勘定は合わない。

もっと注意したいことは、組織を昇ろうとする人に対しては、まわりも厳しく見ているということである。それだけに微罪であっても許してはくれない。

4　物品購入で水増し請求をすると

会社が業者から機械設備や物品などを買い入れる際に、担当の部課長が業者と組んで買い入れ代金を水増しした請求書を書かせ、その差額を着服する犯罪である。

事務用品の類であれば差額といっても知れているが、機械設備や工事の請負ともなれば何億という巨額なので、その差額も何百万円単位になることも珍しくはない。仕事をもらう会社も真剣勝負であるから百万円程度のリベートならそれほど罪の意識がなく、自分の会社に利益をもたらすことができるなら安いものだと、仕事の一環として簡単に許可が下りる。むしろ、よくぞそこまで縁を深くできたと、その社員の業績として高く評価する傾向がある。

ところが水増し請求したことが発覚すると、担当者は詐欺罪になって、懲役一〇年以下の刑に処せられる。

そのほかのケースを見てみよう。
①経理部長などで会社の金の支出権限を持っていたとすると、保管義務のある金を取ったことになるので業務上横領罪となる。
②業者から差額が振り込まれた場合は、水増し分だけ会社に余分な金を支払わせ、損害を与えたことになるので背任罪になる。
③白紙の請求書や領収書に勝手に水増し請求分を書き入れたりすると、業務上横領罪のほかに、偽造私文書等行使罪を犯したことになる。
いずれも懲役一〇年以下の刑で処罰される。高いツケを払わされると言えよう。

5 社用接待に関する犯罪

会社の業績を上げるために、あるいは日頃から取引先や関係官庁やステークホルダー（利害関係者）との円滑な関係を持続するために、物品の贈答や飲食の供応をする。この場合、相手が公務員であれば贈賄罪になるので要注意。

最近、交際費に対しては会社側もシビアになり、使途を厳しく査定するようになった。したがって以前ほど濫用はできなくなったが、業種によっては必要経費として多額の交際費が予算化されている会社もある。

たとえばの話で申し上げよう。

夜の接待などでは飲食の機会が多いので、多くの店のなかから接待の目的に合った理想の店を選ぶことが必要になる。この選択眼に合格した店を馴染みという。あるいは、必ずしも意図的でなくても使っているうちに自然にその店を贔屓にするようになる。

当然、店や係の女性は、ありがたい得意先であるから心を込めてサービスをする。自然に馴染みの女性ができ、恋心が芽生えることもよくある。店の女性と男女関係ができたりすれば、彼女が店一番の売り上げを上げられるように協力するようにもなるだろう。

ここで、社会的に許される範囲を超えた場合は背任罪になる。

しかし、実際には許容範囲を超えているかどうか判断することは難しいので背任罪にまでなる例はきわめて稀であるが、組織のトップは見ているので目に余る行為に対しては制裁を受ける。

・詐欺罪になる場合

接待客を帰した後で二次会、三次会と称して自分たちだけで慰労会をしたり、取引先を接待するという架空の許可願いを当初から出したりして、会社の金で飲んだ場合には詐欺罪となる。

・横領罪になる場合

同様の行為を経理担当者が行った場合は、業務上横領罪になる。

水増し請求も、経理担当者が行った場合には横領罪になり、それ以外の社員の場合は詐欺罪になる。

架空の請求書を偽造し使用した場合は、詐欺罪や業務上横領罪のうえに偽造私文書等行使罪になる。

厳密に言えば、法的にはこのような刑罰が科せられる。だが、現実にはよほど巨額でない限り刑事告発まではされない。

しかし、これだけ目につく御乱行をしていれば、今の時代であるから周囲が許しておかないだろう。結局は品格の問題だ。こうした品格のない人は、どこかで挫折して大物になれないと言える。

6 社内の男女関係に関する自制

辞書によれば、不倫とは「人の道にはずれること」と書いてある。

現代は、不倫に対してずいぶんと寛容になった。江戸時代なら極刑であったし、戦前ではかなり罪悪的な臭いのする不道徳な行為とみなされて社会の糾弾を受けた。もちろん現在でも、社内での不倫関係が発覚すれば、当事者のどちらかは会社にいられなくなるし、男の場合は出世の道を閉ざされる。

最近はよくある話で珍しくもない。世の中が進んだのか後退しているのかよくわからないが、組織を動かしたい野心を持っているなら危ない橋は渡らないに越したことはない。

不倫に対して寛容に見える現代の風潮に乗って軽率な行動をとると、想像以上の代償を支払わされることになる。組織のなかで生きている人は、決して昔と今が違っているわけではないことを認識しなければならない。ところが人間は生身の身体であるから計算ずくではいかないのが人生である。

ひょんなことから、ひょんなことが起こる。あなたがこれから不倫をする、しないといった問題ではないが、今から心してだけはおかないと、現実になってからドタバタしたのでは、あらぬところで失速しかねない。

社内での不倫関係、上司と部下といった男女の火遊びは、幸か不幸か、絶対に秘密を守るしかない。秘め事が漏れたらいかなる事態が起きても自業自得と覚悟をするしかない。すべてを秘密にしておくことができる賢い者同士でなかったら、できるだけ早く終止符を打つことである。ここで未練がましいと後で取り返しのつかないことが起こる。

組織から弾かれ、家庭は崩壊し、あなたの人生は目茶苦茶になってしまうだろう。

相場の世界に「見切り千両」という言葉があるが、この言葉が通用するのは何も株の世界だけではない。

大体、社内での男女関係は生涯続くものではなく、どこかで終わりのときが来る。「終わり良ければすべて良し」の諺どおり、秘密裏に円満に集結できればラッキーだと思い、お互いにエールを交換してニッコリ別れたい。

男と女も、上司と部下もお互いに合わせ鏡のようなもので、トラブルが起きたらどちらが悪いとは言えない。つまり冷静に処理するほかない。

のちほどセクシュアルハラスメントの項で紹介するが、たとえあなたが男女関係の終戦処理がうまくいったと思っていても、相手の女性が保身のために過去のセクハラを武器にすることもあるので、あとあとまで油断のできない世の中になった。

不倫は、江戸時代は命をかけた恋であったが、現代版は相手をよく見なければ殺される凶器にもなる。「恋」に江戸時代のような純粋さはなくなったのかもしれない。

いずれにしても組織の中の男女の関係は、お互いに賢くなければ、続ける資格はない。ろくな結果を生まないからである。

[3] 取締役が巻き込まれやすい犯罪
——やっと役員にまでなったのに

難関を突破してようやく役員となり、いざこれからというときに、外部からはいろいろな甘言や誘惑、組織からは拒否できない任務などが押し寄せてくる。

会社役員の最大の任務は、会社の利益を上げることにある。そのために社の内外に対して、会社の目的のために忠実にその職権を行使とする義務がある。

責任のある地位につけばつくほど、必ずしも自分の責任ではなくても、何かのめぐり合わせで陥穽に落ちることもある。法律に触れるようなこともままあるが、法律を知らなかったからといって、法を犯す意思がなかったとすることはできない。「秘書がやったことで、私は知らなかった」で通るのは、政治家だけである。

運命と言えばそれまでであるが、法律を知っていると知らないとでは大違いなので、心して緊張の日々を送っていただきたい。

1　粉飾決算や違法配当

会社組織は、利益があって初めて株主への配当金も役員賞与も出せるのである。ところが赤字であれば経営者の責任を問われるので、あたかも利益があったかのように決算を粉飾することがある。これが粉飾決算である。

利益が出ている状態ではないのに配当や賞与を出すのだから、会社に大きな損害を与えることになり、対外的にも投資家を欺くことになる。

粉飾決算により架空の利益を計上して利益配当をすると、商法では五年以下の懲役または五百万円以下の罰金で処罰される。

さらに経営者が自己の地位の保全を図った場合には、刑法の特別背任罪で一〇年以下の懲役もしくは一千万円以下の罰金になる。

背任罪になるかならないかは、自己または第三者の利益を図る目的と、会社の利益を図る目的と、いずれが主であるかによって決まる。

2　会社財産の不当処分

社長の立場と社長個人とは法律上まったく別人格とされているが、ワンマン経営者やオーナー経営者は、自分の財産と会社の財産を混同して自由にできると思っている。

社長は、会社のために会社経営をして、会社の財産を忠実に管理することが義務づけられている。だから、会社の財産を私利私欲のために不当に処分をして会社に損害を与えた場合は、刑法の横領罪や特別背任罪の罪を負わなければならない。

また、会社の財産を業務執行権限の枠を超えて私的用途にあてた場合は、業務上横領罪になる。

現実には、オーナー経営者などの場合、もともと会社の株の大多数を自分で握っているので、取締役会にかけても実質は独断で決めるのと同じ結果になる。

3　取締役の自己取引

何度も言うが、会社の取締役は、会社のために忠実に職務を遂行すべき「忠実義務」がある。

取締役が個人として、取締役を務めている会社と取引をする場合、人情として私的に利益を得ようとするので、会社に損害を与える恐れがある。

そこで公私混同を避けるために、自己取引は事前に取締役会の承認がなければできないことになっている。しかし、オーナー社長の場合、取締役会も形式的なもので、会社の利益に反する自己取引がしばしば行われる。この場合、取締役会にかけたかどうかではなく、実際に損失を与えた事実で争われる。

この場合の刑罰は、懲役一〇年以下または一千万円以下の罰金刑になる。

ところで、取締役会にかけてあった場合は、承認した取締役全員に責任がかかってくるので注意を要する。注意を要すると言われても現実には、オーナー社長に面と向かって反対はしにくく、難しい場面である。

あるとき、社長が提出した案件に賛成できず、せめてもの抵抗として承認印を横にして押した役員がいたが、精一杯の意思表示と見るか、所詮は宮仕えの小賢しさと軽蔑するか、あなたならどう判定するだろう。

4　会社の金を私用に使った場合

会社の社長や役員がどんなに偉くても、正当に受け取る報酬や賞与、業務上の交際費のほかに、無償で金銭の供与を受けてはならない。

たとえば、自分の家屋の新築や愛人の生活費などを借用書や仮払いで処理すると、経理上成り立っているように見えるが横領罪になる。

放漫経営はどこの会社でも行われている。私は経営コンサルティングを依頼されると、まずはじめに仮払いの項目を診ることにしている。使途不明の金額が大きい会社ほど、社長自らが放漫経営をしている恐れがある。

大体においてこの初診が当たるわけは、医者が診察する前に熱や血圧を測るのと同じだからである。

5　賄賂や政治献金

①贈賄

会社が関係官庁や政治家に賄賂を送るのは、仕事上便宜を図ってもらうため、情報を早く得て有利に仕事を進めようとする場合などである。賄賂を贈った社長なり役員は贈賄罪にあたるが、背任罪にはならない。なぜなら会社のためにやったと言えるからである。もっとも、指名取消しなどを受けると痛手を被るが。

②政治献金

あくまでも寄付であるから、付き合いの範囲内であれば許される。しかし、範囲を超えた放漫支出の場合は特別背任罪になる。

政治献金を受け取る政治家には、公明正大に明記、公開してもらわなければならない。

6 取り込み詐欺と経営責任

会社が苦しくなって資金繰りに困ると、資金にするために手形で仕入れた商品を原価で売ったりする。結局は倒産してしまい、手形が不渡りとなって商品代を踏み倒したことになれば、商品の売り主から詐欺罪で告発されることがある。

詐欺罪が成立するのは、会社が立ち行かないとわかっていながら大量に仕入れて売り払い、換金して持ち逃げした場合である。たとえ会社を立て直そうとしてやった行為だと主張しても客観的な事実が出てくると、詐欺罪になるので十分注意したい。

7 総会屋に金を渡したときの責任

私たちの時代は、株主総会が近づくと役員は落ち着かず、何とか無事に終わることを祈ったものだ。株主総会は総務課の檜舞台であり、何分で終われるかがその年の業績の判定材料になることもあった。特に同業者の情報が気がかりで「○○社は二〇分で終わった」などという表現で競い合ったものである。

社会的に株主の権利が低かったころのことだ。

しかし、総会屋は今でもまったくなくなったわけではなく、地下に潜って情報収集をしている。また、社内には内部告発者もいる。どの会社も知られたくない恥部やスキャンダル、役員が追求されるような失策など公開されたくない問題を抱えている。そこで株主総会を円滑に無事乗り切るために多額の金を出して、総会屋にリードしてもらうことが起こる。

売り手と買い手の関係で、会社はなかなか総会屋とのつながりを絶つことができない。これに対処するために商法は「会社は何人に対しても株主の権利行使に関し、財産上の供与をしてはならい」として、荷担した役員及び利益を受けた者には刑罰が科せられる。

特に総会屋に対しては、懲役と罰金を併科できるようにした。また、供与した側の罰則も強化し、会社に損害を与えたとして、役員が連帯してその全額を会社に返済しなければならなくなった。

このため最近ではこのような事件は少なくなり、株主とはじっくり長い時間をかけて話し合う総会も多くなった。変われば変わるものである。

8 インサイダー取引

　株式公開企業の役職員など会社関係者が、投資者の投資判断に著しい影響を及ぼす未公表の重要事実や会社情報を知り、その情報が公表される前に、会社の株式などを売買することは、金融商品取引法で禁止されている。これがインサイダー取引である。

　投資判断の前提となる会社の情報は、取引に参加する投資者に公平に開示される必要がある。また、会社は投資者に開示する義務がある。

なお、インサイダー取引の規制という制度の存在を知らなくても、罰則は科される。

　この罰則はかなり重く、五年以下の懲役もしくは五〇〇万円以下の罰金。追徴としては得た財産の没収である。

　特に役員の場合、短期売買六カ月以内に不当利益を得たときは、会社はその役員に利益を提供するよう請求できる。もしもインサイダー取引違反となったら取締役として居残ることはできない。うっかりでは済まされない。

4 組織の弱点を衝く

1 組織の弱点とは

第一章で組織崩壊の兆しについて触れたが、組織は経営について、利益を上げるためのノウハウだけを考えていればよかった時代から、組織の大小にかかわらず世界的視野で考えないと存続すら危うい時代になった。それだけに組織の弱点は至るところにある。

言い換えると、あなたが会社を崩壊させるつもりであれば、いくらでも種には困らない。環境問題一つとっても問題になるし、コンプライアンス違反などは全社で関心を持って対応しても抜けるところは出てくる。会社としては、このへんのところを衝かれると弱い。

歴史的に見ても、世界の片隅で起こったことが、明日には世界中に情報が行き渡るなどということは想像さえできなかった。それだけに、社会的な違法行為が命取りになることが、実感として湧かないことも事実である。もちろん大半の組織は観念的にはわかっているし、万一に備えて訓練もしている。しかし、現実として実際に起こってみると、想像を超える事象に遭遇するので動揺は計り知れない。

この虚を内部告発という形で衝くと、たとえ個人であっても組織に立ち向かうことはできる。体面と信用を重んじる組織は、何しろ実戦で鍛えてないだけに痛手を受ける。

しかし、この手の攻撃を仕掛けると組織もそれなりに懸命に防戦するので、初期の目的は達成されるかもしれないが、後々の仕事の面でやりにくくなることは必定である。その後、どんなに実績を上げても昇進といった見返りはおろか、組織に残ることさえ期待できないかもしれない。ある程度開き直って、割り切った後半生を送ることになるだろう。

したがって、それだけの犠牲を払って組織のなかで生き残るだけの価値があるかどうかは、その人の置かれた立場と人生観によって決めるしかない。

2 最後の切り札「内部告発」

バブル経済が崩壊するまで、「内部告発」などという言葉は市民権がなかったと思う。先にも触れたように、日本的経営が世界を制覇していたころは、社員も会社も一心同体であり、組織は生涯、個の面倒を見たし、個は組織に対して忠誠心をもって励んだ。

このような環境のなかで組織の弱点を、共有こそするが、社会的な問題として公開したり告発したりするようなことは考えられなかった。組織に対する裏切り行為として、周囲から糾弾さえされた。

しかし前にも話したように、アメリカの外圧によって日本は構造改革を承諾せざるをえなくなり、その結果、経済不況が長引き、労使の関係は大きく変化した。同時に、雇用状況も多様化して、職から職への横の流動性や、縦の雇用条件も大きく変わった。

もう一つは、情報や流通が地球規模で発展し、その結果、環境問題やコンプライアンス違反が世界の共通の問題にもなった。これらに関わる問題を一組織のなかにとどめておくことはできないし、これを甘く見ると、組織の存続さえ危ぶまれる状況になった。

以上見てくると、内部告発は必然的に起きたことであり、今後なくなるといった一過性のものではないことがわかる。

さて、現実はテレビなどで連日、組織の首脳陣が深々と頭を下げている光景を報じている。このうちのほとんどは内部告発によるものと言ってもよい。このような言葉が常用語になったことは、現代社会が少しでも進歩している証しである。

組織側から見ると、内部告発を前提にして組織を守らなければならない。つまり、コンプライアンス違反や製造物責任によるクレーム処理など徹底した管理の下にチェック体制を強化して、問題が起こらないように努めなければならない。

内部告発を受け取った監督官庁にしても取り上げざるをえないので、どんなに大きな組織でも、場合によっては存続の危機にさらされる起爆剤になる。

恐らく構成員のなかで、組織からクビの引導を渡されたり、弾かれそうになったりしたときに、この内部告発という爆弾を投げて、引き替えに延命をした者も多いと推察される。

しかし、この兵器を使うときは最後の最後であることは言うまでもない。

個人としても、内部告発の怖さは、内部の確実な部署から正真正銘の資料が出るので、真偽を問うまでもなく即アウトになる例が多い。

会社もあなたも痛手を受けるので、使わないで済めばそれに越したことはない。「窮鼠猫を噛む」という諺があるが、一度使ったら二度と使えない手であることは覚えておいてほしい。

3 セクシュアルハラスメント

「セクシュアルハラスメント」の言葉も、ついこの間まではあまり知られていなかった。

日本で初めてセクハラ事件が登場したのは一九八八年であり、四年後の一九九二年に福岡の出版社で起きた事件が最初の訴訟とされている。現在では、東京都の労働相談所に寄せられるだけで年間四〇〇件近くあるそうである。

私たちの時代には、女子社員は職場の花であり仲間意識もあったので、親近感から気軽に露骨な話を平気でしていた。言われる女子社員も軽く受け流したり、やり返したりしていたことを思い出す。

今思い返すと、冷やかされていた彼女たちからすると、屈辱的なことや不愉快な思いをしたこともあったと思う。

あれから二〇年以上経ち、目の当たりにセクハラ事件に接すると隔世の感がある。最近の言葉だけにまだまだピンとこない人が多いのではないだろうか。女性社員に対して安易な言葉を吐く者がいるが、少なくとも組織を昇る人は脇を甘くしていると思わぬ陥穽が待ち受けている。

どんなに前途洋々の逸材であっても、この条例（民法七〇九条、七一五条）に違反すると将来がなくなってしまう。また、どんなに強い組織であってもかばいようがないことも肝に銘じるべきである。

始末が悪いのは一命を取り留めたとしても組織に所属している限りは、セクハラの汚名はついてまわり、離れないことである。一時の快楽のために一生を棒に振る確率が高いので、個人の危機管理の最上位に属する。

①セクハラの二つの概念

簡単にセクハラの定義と概念だけを説明しよう。

「セクシュアルハラスメント」の定義は、相手の意に反した性的な言動を指し、それに対して相手が仕事を遂行するうえで一定の不利益を被ったり、就業環境を悪化したりすることを言う。

第一に、代償型（地位利用型）のセクハラが挙げられる。職務上の地位を利用し、査定や昇進など雇用上の利益の代償や対価として、性的要求が行われることである。

二つ目は、環境型セクハラである。代償型と違って個人の仕事の妨害をして、セクハラを受けている当人にとって不愉快で耐えがたい職場環境を作る場合を言う。

使用者側にも責任がある。セクハラが起こらないように、男女雇用機会均等法により組織が配慮する義務が新たに設けられた。

このような法律は読めばわかるが、現実は男女のことだけに、もつれると理屈どおりにはいかなくなる。たとえば社内における恋愛や不倫などは、当初は双方合意のうえで意気投合して始まったはずであるが、ひとたびややこしくなると俄然人間臭くなり、「許す、許さない」の、仕返しや怨念に変わっていく。テレビのサスペンスドラマでは定番のネタであるし、かつてコマーシャルで「私、これで会社を辞めました」と小指を立てるシーンがあったように、どこの会社にもある事例である。

語弊はあるが、浮気や火遊びは絶対に知られないことが前提である。ところが現実は、相当賢い二人であっても色恋だけは感情を抑えきれなくなる場合が多い。その感情のコントロールが効かなくなったとき、復讐の心が芽生える。

始末が悪いことに、できる人間、組織を駆け昇る人間は（男に限らない）、エネルギーが有り余っており、遊び心がある。社内恋愛を上手にやり通せばバンバンザイであるが、つまずけば一巻の終わりとなる。

以上の例は自業自得であるからご自分で解決してもらうほかない。

②セクハラを武器にした一例

聞いた話であるが、組織と戦うためにセクハラを利用された悲劇的なケースもある。

ある上司が女子社員を連れて仕事に出ていた。運転中に、出来心から女子社員の身体の一部に手を置いたが彼女は拒否をしなかった。そこで、食事に誘ったらついてきた。車中、肩がこると言うから肩をもんでやった。それだけで何もなかったという。そんな関係が半年程度続いたが、同僚から注意をされたので二人で話し合ってやめた。

だが、このケースはこれで終わらなかった。たまたま彼女は契約社員であった。人事部から再雇用はしない旨を告げられるとその席上、突然、「私、○○さんにセクハラされました」と上司を告発したのである。半年も前の出来事であったが、事は重大な問題だけに彼女の雇用の打ち切りどころではなくなってしまった。結果、この契約切れの話は立ち消えになった。

途中の経過は端折るが、彼女は車中での上司のセクハラめいた行為に対して拒否しなかったし、その後もデートに応じていた。そして当事者同士、合意の上で関係を終わらせていることであった。世間一般から言うと、これだけではセクハラがあったとは断定しかねる。彼女は「イヤで仕方がなかったけれど、上司なので怖くて言えなかった」と言ってセクハラを主張して譲らなかった。会社側は「その男性社員を処罰するには社内に通知をしなければならないが、そうなるとあなたに迷惑をかけることが起きるかもしれない」と気配りをしたが、彼女は「二度とセクハラを起こさないように処罰してもらいたい。開示して結構です」とのことであった。

会社側としては、被害者から処罰せよと言われると拒否できない。当事者である男性社員を一般職に降格したうえで転勤させて落着とした。余談になるが、彼女は3カ月後に結婚して退社していったという。

長々と紙面を割いたが、これが現実である。人生、どこかで歯車が狂うと、止めどもなく逆回転していくという恐ろしい例である。

彼は、あまりの罰則の厳しさと、それにも増して彼女の不可解な言動に頭を抱えたそうである。しかし告発された限り、立派な代償型セクハラに該当し、会社側はこれを罰しなければ義務を怠ったことになり、うやむやにすると黙認した罪で告発されることになる。

彼女の心境を分析する前に、小さな火遊びが思わぬ大火になる時代になったことを認識しなければならない。「君子危うきに近寄らず」としか言いようがない。この表現はあくまでも男性側に立った話である。

さて、本題の「組織の弱点を衝く」というテーマについて言えば、彼女は、組織から自分の身を守るため間髪を入れずに上手にセクハラを利用したと言えよう。

いつか使うために用意した武器なのか、本能的に過去の出来事を武器として使ったのか、彼女に聞いてみるしか真相はわからないが、組織は虚を衝かれると弱い。

4　競合社を使い、組織を揺さぶる

この例は、組織が崩壊するときに起こる現象であり、組織内の派閥のいがみ合いから分裂して、一方の派閥が離脱するときである。

社内に崩壊の兆しが見えてくると、会社の規律がゆるくなり、集団でそれぞれ勝手な行動や言動を始める。自分たちの主張が通らないと、通すためには、まず集団で会社を出ることをほのめかして揺さぶりをかける。それでもダメなら、会社とはっきり袂を分かつ宣言をする。

個人的には、自分が会社から相応に認められていないという不満を持っているときに起こす行動である。具体的な要求を突きつける場合もあるが、自分の願望をわかってほしい、あるいは会社に認めてもらいたいなどのときには、競合社への転職をほのめかして要求する。

通らない場合は、自分一人ではなく部下や同志も引き連れて集団で組織を離れることを申し入れる。個人的な要求を集団にまで拡大させて、組合の団交のような形で圧力をかけるのである。

この方法が成り立つのは、本人が実力を持っており、会社にとって必要とされる人間でなければならない。

組織は構成員に集団で離脱されると本業が維持できなくなる恐れがある。組織も背に腹はかえられないので、個の要求を飲まざるをえなくなる。芸能プロダクションなどで起きる例である。

したがって、組織にとって中途半端な人間がいくら脅しをかけても威力はないし、失敗すれば前よりいっそう冷や飯を食うことになるので、自分の実力を計算したうえでの選択である。社内で何かあると必ず「こんな会社、辞めてやる」「もうやってはいられない」などと言う人がいるが、こんな人に限って辞めた試しはない。

オオカミ少年のようにいつも脅かしているようでは効きめがない。

一方、会社にとっては、長い間教育費をかけて醸成期間もおいて育成し、やっと大成したと思った社員から「出ていく」と言われるぐらい、悔しくて腹立たしいものはない。「こちらから熨斗《のし》をつけてやるからどこへでも出ていけ！」と啖呵の一つも叩きつけたいところだが、そうしたら元も子もなくなるので、じっとこらえて要求を飲む。日本の物作りの中小企業などでよく見られる光景である。

もちろん、科学の世界や医学の世界、あるいは半導体の業界など、それぞれ専門の度合いが深くなるにつれ、割り切った転職が行われている。欧米では日常茶飯事であるが、日本でもようやく珍しくはなくなった。それでも組織に育ててもらったと思えば、忸怩たる思いは残るようである。

ただ、組織も、過去のように揺りかごから墓場まで丸ごと個の面倒を見た時代なら倫理観や情感で引き留めることはできたが、雇用の多様化あるいは流動化によって割り切らざるをえなくなった。そのニーズに応えて人材銀行などもできたので、活用することによって組織の新陳代謝をすることもできる。組織は、ある程度、想定内として個々に対処せざるをえない。

5　労働組合に駆け込む

労働組合は「参加する」ものであって「利用する」とは言わないが、あえて組織に対する個の問題となると、一時の便法として使わせていただくことにする。

一般的に、組合は個の代弁者もしくは守り神として、組織と対峙する位置づけにある。個の権利が侵害されたり脅かされたときは、組合が守ってくれるのが当然である。

しかし、現実ではなかなか個の欲求どおりには動いてくれないときもあるが、警察と同じで基本的な根本問題であれば、取り上げて代弁してくれるだろう。したがって歯止めにはなるし、抑止力にはなっている。

組合のある会社の場合には、会社側は個人的な問題としてすり替えられないし、「組織」対「組織」の話し合いであるから後に引きずることもない。「なんで組合の問題にしたんだ！」などといったトンチンカンな上司など問題外であるが、組合に駆け込む前に「組合の問題にしてもらいますが、よろしいか」と一言、仁義は切っておいたほうが後腐れがなくてよい。

組合のない会社の場合は、一人では会社と太刀打ちできないと判断したら、一人でも入れる外部団体の支援を受けることもできる。

外部団体のなかには先鋭的な組合もあるので、安易な気持ちで入ると自分の会社自体を潰してしまうことも起きる。会社が倒産すると、仲間を路頭に迷わすことにもなるので元も子もなくしてしまう。

そんなに極端に強い団体でなくても、会社は外部団体との接触や交渉事は特に苦手意識が強い。それだけに大きな武器になるが、同僚や仲間からの村八分的な扱いは覚悟しなければならない。異質の文化が攻撃してくると、あなたの理解者だった仲間たちも会社の防衛に回るからである。

組織といえば、会社側ばかりをイメージをするが、労働組合も立派に組織の機能を果たしている。

労働者意識に目覚めた人は当たり前として、あまり関心のなかった人が「労働組合」という組織を昇りつめるケースはある。大義名分はともかくとして、組織のトップになるのであるから、昇っていく過程はさして変わらない。社内ならどんなに昇りつめても社長であるが、一方、組合組織の雄ともなれば、時の政治を動かすこともできる。相手は首相や財界人なのだかから野心家にとっては目指すに値する。現に会社組織に見切りをつけ、さっさと組合の役員になり、政界へ転身していった人もいる。人それぞれの価値観にしたがって進むのだから、とやかく言う問題ではないが、出世には「労働組合」というフィールドもあることを申し上げたまでである。

6 法律で争う

組織と本気で法律で争うとなれば、戦う意味が違ってくる。それは、個人の名誉を挽回するとか、失われた権利を奪回するとか、あるいは損害に対する賠償を得るときなどである。

金銭に関わることは勝った負けたで白黒がつくが、身分関係のことになると、たとえ勝っても特に組織内の人間関係の修復は難しい。なるべくならそこまでいかないうちに解決したいものであるが、もつれにもつれるとお互いに意地になるのでトコトンまでいきやすい。

職を賭して戦うなら、誰にも止められないので傍観するほかない。

しかし、双方ここまで来るには、原因があって結果があるのだから冷静に見直して、話し合う余地を探るほうが賢明である。

具体的な解決策としては、あなたのまわりにブレーンになってくれる専門家を持つことで、こんなときこそ大いに威力を発揮する。

組織と法律で争う前に、争って何が得られるか、専門家に判断を仰ぐことが大切である。

特に私が言いたいことは、勝ち負けは当然のこととして、勝った後の終戦処理をどうするかを考えなければ戦う意味がないからである。

つまり、勝ち方である。

組織と戦って勝った暁には、あなたが元の組織で活き活きと生きられなければ、討ち死にと、さして変わらない。真に勝つということは、組織での地位が回復し、希望をもって働けることを言う。

至難の技であるからこそ、良きブレーンの知恵を借りる必要がある。無謀な戦いは単なる自己満足に過ぎない。たとえ組織に勝つという目的が達せられたとしても玉砕するだけだ。そのくらいなら勇気ある撤退も選択肢の一つであり、英気を養って次の舞台で活躍することも組織と対峙する生き方である。

このような冷静に計算し尽くした判断は、当事者であるあなたには無理なので、一人で決断しないでいろいろな人の意見を聞いて決めるべきである。

相談相手がいない人は、それだけで組織と戦うことは諦めて、組織に留まるために軍門に下るか、組織に見切りをつけるかの二者択一しかない。

第七章

強運を身につける法

運に勝る実力はない！

「運」とか「ツキ」という言葉が頻繁に使われるが、関心を持っている人は少ない。運や不運は自然にやってきて自然に去っていくもので、人力ではいかんともしがたいと思っているようだ。

私も若いころはまったく気にも留めなかったが、年を取るに従って運の存在を肯定するようになった。運や不運は人間界だけでなく組織にもある。組織は人間の集まりであり、生き物であるからである。

現に、組織のトップに収まる人のなかには、運命学や占星術を勉強して、運を重く見ている人が多い。

経営コンサルタントをしていると、成功事例ばかりではなく、薬石効なくご臨終を迎える会社を見ることがある。

いろいろな改善や改革をして何とかいけそうになっても、会社の運が下降線をたどっていると、普通なら考えられないような事件が起き、どうしても会社を維持することは不可能になり、倒産してしまう。あと一息と苦労しただけに「ああ、この会社も運がないなあ」とつくづく思うことがある。

また、「今になって思うと、あのときが運命の分かれ道だった」あるいは「あのときは一歩間違えば奈落の底に落ちたんだ」ということがわかってゾッとすることもある。

そのような経験を通して、皆さんも若いころから運の怖さや運の力について関心を持っていたほうがよいと思うので、ほんのさわりだけ触れておきたい。もっと詳しくお知りになりたい方は専門書を読んでいただきたい。

ある程度、運は呼び込むこともできるし、つかまえた運を逃さないで持続することや、悪運は最小限に抑えることも可能だと思う。チャンスをつかむことも同様である。

人生の達人として自己が確立してくると、運が通っていくのが見えたり、不運をかわしたり、幸運を持続させたり、ある程度コントロールできるものらしい。

［1］運やツキを知る

1　運やツキを引き寄せる生き方

以下は、私が体験したことや、経験したのち教えられたこと、自然にわかってきたことや書物で共感したことなどを書き留めたものである。ほとんど実行できていないものが多いが、今でも意識して努力はしているつもりである。

①ツキや運を「他力」と思っている人に運は来ない——幸運は自分で呼び込むもの

他人の評価をツキや運にする人には幸運は来ない。
まじめに仕事をすることと、ツキや運とは関係がない。
意識して運を呼び込まなければ来てくれない。
意識してツイている運を大切にしないと、いつの間にか逃げてしまう。
意識して不運を断ち切らないと、なかなか去ってくれない。

②運は連続する性質がある

良い運も悪い運も連続する性質があることを知る。

良い運を持続させ、悪い運を断ち切るためにそれぞれの方法を知る。

良運のときに悪運が芽生え、悪運のときに良運の芽が吹く。

③当たり前のことをキチッとこなす

当たり前のことを当たり前にきちっとやっているか、ときどき総点検する。

不運の神様は謙虚な人が苦手である。

事故は信じられないところで起こる――魔が差す――凡事の徹底でしか免れない。

④運の神様はプラス思考をする人を好む

プラス思考とマイナス思考の差は、結果において天と地。

プラス思考をするには、事を始めるに当たり「どうしたらできるか」を考える。

マイナス思考の人は、まず「できない」から発想する。

プラス思考の芽は、独り占めにしないで「与える喜び」を知ることから生じる。

⑤人の人生を良くしてあげる

その人の良いところを見る訓練をする。

見返りを期待しなければ心が寛大になる。

与え甲斐のある人に与える。

2 良運を招き、悪運を断ち切る

運は、良くも悪くも、連続する性質があるように思う。ツイているときは、何をしても当たるし、相当危なっかしいことをしても通ってしまうし、かえってそれが当たったりする。怖いものなしで、まさに「得手に帆を上げる」の言葉どおりである。

こんな人には手がつけられないので、親しくなって恩恵に預かることは良いことである。とかく妬みが伴って敬遠する人がいるが、ここは勇気を出して積極的に近づくくらいの貪欲さがなければ、運は呼び込めない。

自分がツイているときは、とにかく流れを変えないようにいっそうの気配りをして脇を固めなければ、運命はきまぐれなのですぐ逃げてしまう。

また、ツイていない人は、逆にやることなすこと思うようにはいかず、次々と不運に襲われることがある。この場合は、度胸を決めて嵐が過ぎるまでじっと待つふてぶてしさも必要である。

逆に、今までの生活のリズムを壊すことによって運気を変えることも大切である。

いずれにしても悪運に対しては立ち向かう気力を持つことである。そうでなければ流される一方になってしまう。

①良運を長くとどめておく法

「運が良いだけだ」などと心にもないことを言わない。そんなときが、とかく頂点であったりする。

今までのリズムを壊さない。特に、うまくいっている考えや行動を変えないこと。

リズムの合っている部下を変えない。

注意深く脇を固め、甘い話には慎重に。

謙虚になる。

感謝の心を忘れない。

鏡を見て「オレは強運だ！　ついている！」と声を出して言う。

②悪運を断ち切る法

まわりに泣き言を言わない。

気分を変えるために部屋のレイアウトを変える。

意識して運の良い人と付き合う。

運の強い者を部下にする。

当たり前のことをきちんとする。

一攫千金の夢を追わない。

考え方の慣習をマイナス思考からプラス思考に変える。

行動するときは、常に「どうしたらできるか」と自問自答せよ。

行動のパターンを変える。

うまくいかないときは、ジタバタしないで時の来るのを待つ。

明るい気持ちになるように、身だしなみを派手ぎみにする。

鏡を見て「オレはついている、強運の持ち主だ」と発し、潜在意識に植え付ける。

神仏にすがる。余談になるが、剣豪宮本武蔵は「神仏は尊し神仏を頼まず」と自戒の言葉を残している。

2 運を強くする

1 運の強い人の一〇の性格

たしかに運の強い人は生まれながらに存在している。

大変うらやましい星の下に生まれたものであるが、そんな人をよく観察すると一つのパターンがあることに気がつく。共通していることは、楽観的であり肯定的な人に集約される。こういった素質があることを信じない方は、逆にひねくれていて常に否定的で他人のせいにばかりする人を思い出していただけば理解してもらえると思う。

もちろん、性格を変えることは難しいが、意識して行動していると自然に運が向いてくることも事実である。ここでも「為せば成る」である。

①素直な人——人の話を聞く

②人間が好きな人——人が集まる人気運

③好奇心の強い人――フットワークが軽い
④忍耐強い人――意志の力
⑤楽観的な人――とらわれない、こだわらない
⑥威張らない人――スケールが大きい
⑦バランス感覚の良い人――かたよらない
⑧自分を変えられる人――変えようとする努力
⑨柔軟な考えができる人――視野が広い
⑩感謝の心を持つ人――「ありがとう」を自然体で言える

以上を一つでも二つでも増やす努力をするうちに、自然に運の強い人間になる。

2 運を強くする一〇の方法

大半の皆さんは、「運」の存在に無関心か、無意識のうちに日々を過ごしていると思う。思うようにいかないことが起こると、「このごろツイてないなあ」とか「オレは運がないから」といった言い訳に使って自分を糊塗している。

ほんの少し運の力を認識して、仕事や生活に、意識してこの考え方を取り入れれば必ず運は強くなり、良い方向に流れるのですすめたい。

もちろん、皆さんの現在の環境や生い立ちも違うので、強制をするものではない。結局、己の生き方の問題である。

①たらいの水——この原理を実戦できたら鬼に金棒

たらいの水は、自分のほうへ引き寄せると逃げる。押しやると戻ってくる。利他の心である。

②見返りを期待しない

これができたら人のために行動することが楽になる。

幸運は倍になって返ってくる。

③プラス思考の養い方

課題に対して、多くの人は「大変だ。とてもできない」という否定的な思考が浮かぶ。それを「どうしたらできるか」の発想に変える習慣をつける。

④老人（時の偉い人）に可愛がられる——偉くなる人（出世する人）の共通の資質

まず、偉い人と接触の機会を持つ——相手の心情・環境に配慮しすぎない——あなたが気を遣っていることなど偉い人は知らない——気を遣って待っていても、偉い人からは呼んでくれない——思い切って会いに行くと偉い人ほど喜ぶ——繰り返すうちに好印象を持たれるようになる——可愛がられて応援してもらえる。

素直に甘える、頼る、感謝する、謝ることができる人になる。特に感謝の気持ちをその都度表すことができる人になる（感謝されることが喜びであるから）――君のためになってやろうという人が現れる。

⑤人との付き合いは相性で判断しない――苦手な人をいかに味方にするか

⑥運の強い人につく――運気を分けてもらう

⑦運の弱い人に優しく――思わぬところでプラスになる。ただし、運の弱い人にとりつかれない

⑧有頂天なときほど身を低く

⑨約束は必ず守る――「食事でも」「ゴルフでも」と言って簡単に誘うが、実行しない人がいる。「でもめし」「でもゴルフ」は厳禁。特に遊びの約束は軽視しない。

⑩常に感謝の気持ちを忘れない

終章

リーダーの生き方

「利己利他」でいこう！

1 ここまで振り返って

組織と個について、ひと通り書いてきたがまとめると、次のような点に注意する必要がある。

一、組織に生きる人は、まず組織を知り、自分を知ること。
二、組織は人間の集合体であり、それ自体が生き物である。
三、組織は時には頼りになり、温かいが、時には非情で、怖い存在である。
四、組織に生きる人は、まず人間としての常識を備える努力をしなければならない。
五、組織を積極的に昇りたい人、逆に組織から弾かれそうになった人は、処世術を軽視してはならない。
六、組織を昇る人は、出世の真の目的を知らなければ回り道になる。
七、組織から弾かれないようにするには、防衛策を学ぶことが大切である。
八、あらゆるチャンスを捉えて、組織の長に認められる労を惜しんではならない。
九、組織と真っ正面から戦えば、たとえ勝ったとしても結果的に弾かれる。
一〇、万一、組織を敵に回したときは、戦わずして勝つ方法を身につけるか、逃げることである。

一一、組織の上に昇れば昇るほど、犯罪に巻き込まれないように、脇を固めて身を守らなければならない。

一二、運の力や怖さを知って、運を強くする法、逆運を断ち切る法などを学び、日常の仕事や如何なる場合にも生かすことが大切である。

2　利己利他のすすめ

最後に、組織と五〇年間付き合ってきた私が申し上げたいことは、「利己利他」の言葉である。

私の顧問先の長野いすゞ自動車の社長室には「忘己利他」の額が飾ってある。意味は読むとおり「自分を忘れて人のためになる」である。この境地に達して行動ができれば理想であろうが、凡人の我々には難しい。というよりも不可能に近い。

自分自身を振り返ってみると、本文中にも披露したとおり、二〇代から三〇代にかけては自分のことしかまるで頭になかった。三〇代の後半になって小さなグループを任されたときにようやく組織のために頑張る気持ちが起きた。そうは言っても四〇代から会社役員になるまでは、自分の存在を組織に認めさせることで精一杯であった。つまり、与えられた仕事に懸命に取り組んで組織に貢献したのも、私自身が認められるためであった。五〇代後半になり、組織のためにしばしば危険を顧みず飛び込んでいったが、より高い地位へ昇るために自分を賭けたのだ。

役員を退任して、ある組織の長になったときに初めて、部下がより良い生活ができるように、持てる力を出し切って頑張った。その結果、万年赤字であったものが半年で黒字になり、七年間一度の赤字も出さないという実績を残せた。その経験で経営に対する確かな自信を得ることができた。おまけに「出版」というご褒美をいただき、自分の生き様を世間に残せたが、それでも「自分を忘れて人のためになる」といった確固たる信念はなかった。今になって思うことは、万年赤字をオレの力で黒字にしてみせるという意地や色気だけだったと思う。

反省しきりであるが、少なくともいろいろな問題に対して真っ正面から取り組んできたつもりなので、その結果として、組織のため、先輩のため、同僚のため、後輩のため、あるいは取引先や株主などステークホルダーに、自分の能力相応の「利他」はしたと思いたい。当然その逆も真であり、上記の皆さんを犠牲にし、損害や不快感を与えたことも認識している。

六五歳になって組織から完全に離れたので、若いころからの夢であった経営コンサルタントの道を歩くことにした。独立するに当たり、仕事に対して次のことを心に決めた。

◎自分が至らないところは勉強して研鑽を積み、クライアントの要望に全力で応えていく。今までの試行錯誤のうえで得た「当たり前のことを当たり前にやれば利益は出る」という経営技法を信じて、ぶれない経営指導をする。

◎クライアントである社主の要望に応えるのはもちろんのこと、社員の生活が少しでも楽になるように頑張る。

◎浅学非才の身であるから、わからないことやできないことは、その場でごまかさないで、後日、責任を持って回答する。

◎リストラや業績の悪化を出したときは辞退を申し出て、クライアントの考えに一〇〇％従う。

このように考えると、今まで身構えていた肩の力が抜け、気持ちが楽になった。

講演やセミナーは経験を積んでいたので自信はあったが、経営指導のほうには一抹の不安があった。だが逃げないで真っ正面から向き合って、背伸びしないで持てる力を出し切ることを決意したら自信が湧いてきた。

第七章の「運」の項で書いたが、「たらいの水」の原理で、**人のために水を押しやれば、水は自然にまた自分のほうへ返ってくる。**

現在はたくさんの方から感謝されて充実した人生を送らせていただいている。

組織に所属していたころは、すべて自己中心的だったので、常に緊張感と不安感で十分な力を出し切れなかったように思う。

今では、顧問先で力一杯取り組んだ成果が結果として表れ、社長をはじめ社員の方と一緒に喜ぶ一瞬は、身体が震えるほどの感動と達成感を覚える。

組織にいるときにこの信条を少しでも持っていたら、もっと楽に組織を昇ることができたのではないかと思う。その理由は、部下のため周囲のためといった「利他」の思いがあるとストレスが少なくなり、頭の回転が早くなるからである。自分で言うのもおこがましいが、「利他」の心を持つようになってから、七四歳の今のほうが、企画力や瞬発力、そして集中力は確実に増しているように思う。

組織に生きる皆さんへ、「忘己利他」では無理がくるので「利己利他」の心で組織を昇ることをおすすめする。

つまり、**自分を利すると同時に他人をも利する心**である。

私の体験から言えば、「利己」「利己」だけの人生はエネルギーの無駄が多すぎる。近道を選んでいるつもりが、回り道をしているのだ。

私自身、もっと早くこの真理を自分のものにしていたらと悔やむ気持ちなので、本書の集大成の言葉にしたい。

「利己利他」を、人生の節目、節目で心がけていただければ、必ず大輪の花が咲くことを確信している。明るくさわやかに堂々と王道を歩いていただきたい。必ず道は開けることを申し上げたい。

執筆にあたり、この本を書けと背中を押していただいた出版プロデューサーの亀谷敏朗さん、またこの本を世に送り出して下さった同友館の脇坂社長に心より御礼を申し上げる。

最後に、執筆を無事終えることができたのも、長野いすゞ自動車社長の宮澤隆氏とのご縁で、私の知識や体験を活かす場を提供していただいたお陰である。この場をお借りして改めて感謝を申し上げる。

【参考文献】

拙著『〝当たり前〟から始めてみよう！――プラス思考の社長学』同友館
『新リーダーへ！「これが1つ上の仕事のやり方です」』実務教育出版　澤田淳著
『会社経営の法律知識』自由国民社（同書の355〜372頁）
『名言名句大事典』世界文化社

【著者略歴】

児島　保彦（こじま　やすひこ）

昭和12年長野県千曲市に生まれる。昭和36年早稲田大学商学部卒業。

平成6年住友大阪セメント常務取締役を経て、オーシー建材工業代表取締役社長。

その間、商社、製造メーカーの信用管理、再建、整理等多数経験。

43年間のサラリーマン生活に終止符を打ち、65歳で、経営コンサルタントとして独立。

繁栄する経営のサポーター有限会社祥を設立。代表取締役。

三井住友銀行グループSMBCコンサルティング、日本経営合理化協会、大阪府商工会議所等セミナー講師、清泉女学院短期大学兼任講師を歴任。

現在、長野いすゞ自動車常任顧問。

中小企業診断士。

【著　書】

同友館『"当たり前"から始めてみよう！――プラス思考の社長学』
星雲社『ナイトクラブの経営にみる「究極のサービス」』
長野経済研究所「当たり前の社長学」を経済月報に連載。

【事務所】

有限会社　祥
長野県千曲市大字粟佐1353
TEL／FAX　026-273-4056
Eメール：chikuma-yk@at.wakwak.com

2011年8月10日　第1刷発行

偉くなることをためらうな！
本当は面白い戦略的出世術

©著　者　児島保彦
発行者　脇坂康弘
発行所　株式会社　同友館〒113-0033 東京都文京区本郷6-16-2
TEL. 03 (3813) 3966
FAX. 03 (3818) 2774
URL　http://www.doyukan.co.jp

落丁・乱丁本はお取替えいたします。
KIT／三美印刷／東京美術紙工
ISBN 978-4-496-04806-7
Printed in Japan